KB151441

교육행정입문

교육을 위한 행정

박수정

Administration For Education

머리말

'교육행정'이란 무엇인가?

교육행정을 대학에서 가르친 지 20년이 넘었고, 대학원에서 본격적으로 공부한 지 30년이 되어 갑니다. 수많은 학부생들과 대학원생들을 만났고, 현장에서 교육행정을 담당하거나 경험하고 있는 교원과 공무원들을 만났습니다. 동일한 질문을 해봅니다. 교육행정이란 무엇일까요? 어떤 교육행정이 되어야 할까요? 교육행정학은 교육행정에 어떤 도움이 될까요?

교육행정의 개념과 범위, 가치와 지향, 목표와 과업이 그다지 공유되고 있지는 못하다는 느낌을 받았습니다. 긍정적인 정서와 호기심도 부족해 보입니다. 교육현장에서 교육활동과 함께 '공기처럼' 이루어지고 있는 것이 교육행정입니다. 교육행정의 현장을 연구하고 교육행정 교육을 하고 있는 내가 할 일은 무엇일까? 접근하기 쉬운 책을 써서 교육행정에 대한 이해와 관심을 높이는 것은 의미있는 일이 아닐까? 이런 생각으로 무모한 도전을 해보았습니다.

2020년 초 등장한 코로나19로 몇 년간 활동의 제약이 생기면서 책을 쓰기 시작했습니다. 교사 전문성 개발에 관심을 두고 대학 교수법 특강을 해왔기에 코로나19 유행으로 인해 확산된 온라인 수업을 하면서 『온라인 수업에서 팀 학습 어떻게 할까』를 썼고, 좀더 기본적인 교수법 입문서로 『대학 수업은 처음입니다』를 썼습니다. 많이 쓰는 논문 외에 좀더 접근성 높은 책을 써보자 권유하여 동학들과 『오늘의 교육 내일의 교육정책』을 집필했습니다. 교직과 교사에 대한 이해를 바탕으로 한 교직실무 교재로 『교사론과 교직실무』를, 교육 분야 학위논문과 학술논문의 안내서로 『교육연구논문작성법』을 출간하였습니다.

그러나 주전공 분야인 교육행정 입문서를 단독으로 쓰는 것은 결코 만만한 일이 아니었고, '쉽게 읽히는 책'을 쓰자 했으나 '쉽게 쓸 수 있는 책'일 수 없었습니다. 2023년 1학기에 학부 수업을 하면서 다섯개 장을 쓰고 학생들에게 검토받았고, 2024년 1학기에 교직 수업을 하면서 나머지 장을 쓰고 보완하였습니다. 전공의 주요 영역을 모두 훑어야 하기에 원고를 집필하면서 비어있는 부분에 대한 무지를 실감했고, 정확하게 소개하기 위해 책과 연구물을 찾으며 큰 공부가 되었습니다. 그러나 부족하다는 점은 여실히 실감하며, 지속적으로 보완하겠다는 다짐과 함께 용감하게 책을 내놓기로 하였습니다.

감사할 분들이 너무도 많습니다. 존경하는 은사님들이 가장 먼저 떠오릅니다. 지도교수 윤정일 선생님은 항상 신뢰와 격려로 지도해주셨습니다. 엄격한 글쓰기와 시간 엄수, 학회 참여와 봉사 등 학자에게 필요한 태도를 배웠습니다. 이종재 선생님은 활발한 연구와 저술활동으로 큰 자극을 주셨고, 진동섭 선생님은 학교컨설팅과 교육디자인 등 새로운 아이디어를 끊임없이 주셨습니다. 초안 상태의 원고를 검토해준 고마운 후배 연구자와 제자들이 있습니다. 모교 대학원 강의에서 만난 이진권, 황재운 박사님, 한국지방교육연구소의 후배 전임연구원 이수경, 오혜근 박사님, 대학원 지도학생이면서 교육행정 강의를 맡았던 맹재숙, 권희청, 박정우, 박선주 박사님께 감사드립니다. 도움 되는 의견을 꼼꼼하게 주신 임희진 박사님, 함께 근무하게 된 동료 문찬주 교수님께 특히 감사드립니다. 그리고 새로운 관점의 교육행정 개론서『학교와 교육행정』을 펴낸 조석훈 교수님, 후학에게 귀감이 되었다는 감사 말씀 드립니다.

학부 4학년 봄 교육실습을 마치면서 교육행정학 공부를 하기로 마음 먹고, 대학원 석사과정의 지원서에 '장학 또는 교육정책을 연구하고 싶다'고 썼던 기억이 납니다. 석사논문은 교사교육 분야로 '사범대학 제도의 창설'에 대해 연구하였고, 박사논문은 교육행정사로 '조선시대 지방교육행정의 특성'에 대해 연구했습니다. 박사 취득 후 지방교육자치, 교사 전문성 개발, 교육정책, 학교변화, 리더십, 팀 학습 등에 관심을 두고 연구를 진행해왔습니다. 이러한 개인적인 관심과 연구 경험은 이 책에도 묻어날 것으로 생각합니다.

이 책은 교육행정을 처음으로 혹은 본격적으로 공부하는 모든 분을 위해 저술하였습니다. 독자가 읽고 이해하기 쉽게 구성하였고, 수업 교재로 사용할 경우에도 사전에 학습자가 읽고 생각해 본 후 설명을 듣고 동료 학습자들과 토의할 것을 추천합니다. 교육행정 기초(1장)와 이론(2장)으로 시작하여, 학교조직(3장)과 교육리더십(4장)을 소개하고, 학교경영과 참여(5장), 교육거버넌스(6장), 교육법과 교육정책(7장)을 다루었습니다. 교육인사행정(9장)과 교육재정(10장)을 소개하면서, 교사 전문성 개발과 장학(8장)을 별도로 다루었습니다. 미래의 교육행정(보론)은 자료의 성격으로 제시해보았습니다. 주제의 핵심적인 내용을 선별하여 간단히 소개하고 추가적으로 도움이 될만한 자료들을 포함하였는데, 관심있는 내용은 좀더 찾아보도록 권하는 의도입니다. '입문(入門)'의 성격에 맞도록 구성한 것이지만, 시의성 있게 수정하는 과정에서 지속적으로 내용을 보완하고자 합니다.

이 책을 처음부터 끝까지 읽은 후에는 교육행정이 무엇인지, 어떠한 교육행정이 되어야 하는지, 교육행정 행위와 현상을 교육행정학의 개념과 이론으로 바라볼 수 있을지 각자의 답을 찾기 바랍니다. 교육현장 어디서든 교육행정을 떠올릴 수 있을까요? 교육행정학을 본격적으로 공부할 마음도 생길까요?

교육행정에 입문한 당신을 환영합니다. **교육을 위한 행정!**

2024년 8월

박수정 씀

차 례

교 / 육 / 행 / 정 / 입 / 문

차 례

교 / 육 / 행 / 정 / 입 / 문

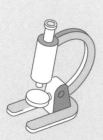

Chapter

01

교육행정 기초

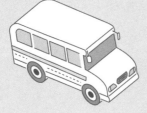

교/육/행/정/입/문

교육행정 기초

1 교육행정이란

'교육행정'은 무엇일까요?

가장 먼저 떠오르는 단어는 무엇인가요?

'교육행정'이라는 말을 들었을 때 떠오르는 단어를 써주세요.

교사가 되고자 하는 학생들을 위한 교직과목으로 '교육행정 및 교육경영'이, 교육학과 학부와 대학원, 교육대학원에서 교육행정 관련 과목들이 개설됩니다. 교육학과 대학원에는 교육행정학 전공이, 특수대학원인 교육대학원에는 교육행정(혹은 학교경영, 리더십, 정책) 전공이 운영되고 있습니다. '교육행정' 공무원도 들어본 것 같습니다. 과목과 전공, 공무원의 명칭으로 들어보기는 한 것 같은데, 과연 교육행정은 무엇일까요?

수업에서 대학생과 대학원생에게 물어보면, 가장 많이 언급되는 단어는 주로 이런 것들입니다.

- 행정실, 교육행정공무원
- 업무, 공문, 문서
- 학교, 교육청, 교육감
- 돈, 재정, 예산
- 정책, 제도
- 운영, 지원
- 복잡함, 딱딱함, 차가움

이 밖에도 교육, 교사, 학급, 학생회 등이 언급되기도 합니다. 내가 떠올린 단어도 있나요? 여기에도 교육행정의 많은 요소들이 들어가고, 대부분이 언급된 것이라고도 볼 수 있습니다. 그런데 다소 현실의 행정과 사무에 치우친 단어들이 많이 보입니다. 교육행정은 학교 행정실과 교육행정공무원만 해당되는 것일까요? 교육과 직접 관계되는 교무실과 교원은 관계가 없을까요? 예비교사가 배우는 이유는 무엇일까요? 교육행정에 부드럽고 따뜻한 요소는 없을까요?

대학에서 15주 강의가 끝날 때 어떤 단어가 떠오를지 기대해본다는 말로 수업의 첫시간을 마치곤 합니다. 이 책의 독자도 책을 끝까지 읽고 난 뒤에는 떠오르는 단어가 어떻게 바뀔지, 여전히 그대로일지 궁금합니다!

교육행정이란 '교육이 이루어지기 위해 필요한 모든 것'이라고 볼 수 있습니다.
교육이 이루어지는 장면을 떠올려봅시다.
교육받는 학생들이 있을 것이고, 또 무엇이 필요한가요?
학생들을 가르치는 분, 선생님, 교수자가 필요합니다. 가르치는 내용을 담은 교과서, 교재, 책이 필요하고, 앉을 책상과 의자가 필요합니다. 칠판과 펜, 컴퓨터 등이 구비되어야 하고, 교실 공간이 필요합니다. 눈에 보이지 않지만 시간표, 교육과정, 더 근본적으로는 학생의 입학과 재학, 승급과 진학, 장학제도 등이 필요한 것 같습니다. 이러한 것들, 즉 교육에는 인적자원, 물적자원, 그리고 제도가 필요하다고 볼 수 있겠지요?

가장 중요한 인적자원에는 가르치는 사람이 있고, 가르치는 일을 돕는 사람이 있습니다. 물적자원은 교육에 필요한 돈으로 주로 교육재정, 교육비라 표현하며, 돈이 있어야 가능한 물리적 시설 및 장비를 포함합니다. 제도는 학사제도와 교육과정, 나아가 교육제도와 정책 등이 있습니다.

학교에서는 학사관리와 교육과정 편성과 운영 등이 중요하며, 인적자원 관리는 교무실, 물적자원 관리는 행정실 소관으로 이루어집니다. 교육청과 교육부에서는 지역과 국가 차원의 행정 집행, 정책 수립과 운영을 하게 됩니다.

그런데 이런 생각도 듭니다. '학생'에 대한 이야기는 왜 없을까요?
학생이 중요하지 않아서가 아니라, 교육의 '대상'이기 때문에 제외한 것입니다. 교육의 목적을 달성하기 위해 일하는 사람들이 직접적인 범위에 속합니다. 교육의 중심에 학생이 있고, 이를 위해 필요한 모든 것이 교육행정이라고 보면 됩니다. 교육행정의 존재 이유는 '교육'입니다!

2 교육행정의 역사

교육행정은 언제부터 존재했을까요?
다음 그림을 살펴볼까요?

18세기에 활약한 풍속화가 김홍도의 대표적인 작품, '서당'입니다. 대한민국 국민이라면 대부분 본 적이 있는 유명한 그림이지요. 조선시대 서당, 서재, 정사 등으로 불리던 민간 학교의 교육 장면을 그린 작품입니다. 여기에서 교육이 이루어지기 위해 필요한 '교육행정'의 모습을 찾아볼 수 있을까요?

'서당'에서 보이는 교육과 교육행정의 모습을 찾아보세요.

김홍도의 '서당' (국립중앙박물관 소장)

가운데 훈장님이 보입니다. 학생들은 책을 보고 있구요, 훈장님만 책상(서안)이 있네요, 회초리도 보입니다. 가운데 앉은 울고 있는 학생은 회초리를 맞기 전인지, 후인지 모르겠네요. 혹은 회초리와 상관 없는 울음인지?

이들이 보는 책은 모두 같은 책일까요? 훈장님 책상에는 책이 없네요. 각자의 수준과 단계에 맞는 책일 가능성이 있습니다. 각자 공부를 해오면 확인받고 새로운 진도를 나가는 개별화된 학습이었을 것입니다.

이들은 수업료를 냈을까요? 입학식을 했을까요? 방학은 있을까요? 졸업은? 여러 질문들이 생깁니다. 그림에 대해 많은 이야기를 할 수 있습니다.

훈장과 훈도는 사제의 관계를 맺는 의식, 속수례(束修禮)를 맺었을 것이고, 정해진 혹은 낼 수 있는 수업료를 현물이나 돈으로 지불하였겠지요. 입학과 졸업 시기는 각자 달랐고, 방학은 농사가 한창인 농번기에 있었을 것 같네요.

여기에서도 인적자원, 물적자원, 제도가 보일까요?

조선시대에도 교육행정이 있었다는 사실을 확인해보고자 그림을 살펴보았습니다. 사회적 행위로서 교육 활동이 이루어진 때부터 교육행정은 이미 존재하였습니다. 학교 수준에서 먼저 확인할 수 있고, 국가와 지역 차원에서도 확인할 수 있습니다. 한국의 교육행정사를 연구하는 박수정(2016)은 조선시대 교육행정의 주요 특징을 '교육에 대한 국가의 체계적 관리'로 제시한 바 있습니다.

우리가 알고 있는 익숙한 교육행정의 양상과 관행은 언제부터일까요?

1은 2000년대 초반 한 중학교의 모습입니다. 2와 3은 무엇일까요?

이와 비슷한 모습의 학교를 경험했을까요? 최근에는 신축과 공간 혁신 사업으로 새로운 모습의 건물이 들어서고 있는데, 대부분 떠올리는 전통적인 학교의 모습은 이와 크게 다르지 않을 겁니다. 똑같은 크기와 모습의 교실이 여러

개 있고, 특별실이 있고, 교무실, 행정실이 있지요. 가운데에는 운동장이 있고, 강당과 급식실이 있는 경우도 많지요. 오른쪽 학교와 비슷해보이는 왼쪽 사진들은? 중국 대련에 있는 뤼순 감옥입니다. 학교와 감옥은 공간적으로 그리고 성격상 비슷하게 묶이기도 합니다. '의무'와 '수용'의 개념을 내포한 공공조직!

이런 모습의 학교는 언제부터 생겼을까요?

근대 공교육의 출발 시점부터일 것이며, 우리나라에서는 갑오교육개혁(1894년) 이후 오늘날의 초등학교에 해당하는 소학교가 설립, 운영되기 시작합니다. 보통학교-고등보통학교-전문학교의 시기를 지나, 초-중-고-대학으로 이어지는 6-3-3-4 학제가 1950년대부터 지금까지 70년 넘게 이어지고 있습니다.

학교급과 학년을 나누고, 동일한 교육과정과 시간표로 수업하고 일률적으로 진급시키는 방식의 학교. 이를 통해 교육기회가 확대되고 취학률이 높아졌으며 학습력이 전반적으로 향상되었으나, 개별화 교육이나 자유로운 학습과는 다소 거리가 있는 모습의 학교입니다. 대표적인 교육기관으로 자리잡은 학교의 체계적인 관리로부터 교육행정이 본격적으로 시작되었습니다.

우리나라에 등장한 최초의 교육행정 관련 과목은 '학교관리법'이었습니다. 1906년에 교사를 기르는 사범학교 교육과정에 과목명으로 등장하였고, 1908년에 최초의 교재 발간(1899년에 편찬된 일본서적의 역술)이 확인됩니다(박수정, 우현정, 2018). 19세기에 독일과 미국에서 과목으로 등장한 '학교관리'가 일본을 거쳐 최초로 도입되었습니다. 즉 교육행정은 '학교 차원의 관리'(학교행정)라는 성격으로 출발하였고, 학교와 학급의 효율적, 효과적 운영에 초점을 두면서 발전하였습니다. 오늘날 교육행정은 학교행정을 포괄하여 더 넓은 차원으로 연구되고 있으나, 교육이 이루어지는 현장이 가장 중요하다는 점은 분명합니다.

3 교육행정의 개념과 관점

교육행정이라는 용어를 조금 더 자세히 살펴봅시다.

교육은 무엇인가요? 한마디로 교육을 정의하기는 어렵습니다. '가르치고 배우는 것'으로 일단 정의하고 시작하겠습니다. 교육의 본질과 목표에 대한 계속적인 탐구와 성찰은 대단히 중요합니다. '교육'이 존재하기 때문에 이에 대한/이를 위한 '행정'이 필요한 것이며, 지향하는 교육의 상(想)을 명확히 하면 그에 적합한 지원을 잘 할 수 있습니다. 단, '가르치고 배우는' 행위와 현상은 공식적인 학교교육에 국한되지 않는다는 점도 기억해야 합니다.

행정은 무엇인가요? 국가 권력을 입법(立法), 행정(行政), 사법(司法)으로 구분합니다. 각각 법을 만들고, 법을 집행하고, 법을 판단하는 것이지요. 법을 집행하는 행정은 본질적으로 '법규행정'인 것입니다. 이것은 다소 딱딱하고 기계적인 느낌이 들 수 있으나, 법치국가에서 법의 준수와 집행은 대단히 중요합니다. 법규를 기준으로 행정을 하는 것은 지극히 당연하며, 창의성과 융통성이 떨어질 수밖에 없습니다. 다만 법규의 기계적인 집행에 그치지 않고, 법규의 목적과 취지를 살리는 행정이 필요합니다. 또한 오늘날의 행정은 목표 달성을 위한 효과적인 행위와 협동적인 노력이 강조되고 있습니다.

교육행정은 공공성을 바탕으로 출발한 교육기관을 대상으로 하기에 '경영'보다 '행정'이라는 용어를 사용했다고 볼 수 있습니다. 공공기관은 행정, 사기업은 경영이라는 표현을 주로 사용합니다. 그러나 조직의 관리라는 측면에서는 공통점이 있으며, 서로 참고하는 부분도 많습니다. 또한 '교육경영'은 교육조직의 적극적인 운영, 창의적인 운영을 의미하는데, 사기업과 무관하지만 그와 연관성을 갖는다고 생각하면서 거부감을 갖는 경우가 있기도 합니다. 경영보다도 좀더 변화를 지향하는 적극적인 성격이 포함되면 '리더십'을 사용하기도 합니다.

　교육행정은 교육과 행정의 결합어로, 교육과 행정, 교육의 행정을 생각해볼수 있습니다. 한국 교육행정학의 선구적인 연구자 백현기(1958)와 김종철(1965)은 교육행정의 관점으로 '교육에 관한 행정', '교육을 위한 행정'을 정리하였는데, 각각 '교육' 또는 '행정'에 좀더 초점을 가진다고 볼 수 있습니다.

　교육에 관한 행정은 행정의 여러 분야 중 하나로서 교육을 다루는 것으로, 행정에 초점이 있습니다. 복지행정, 보건행정, 법무행정 등 분야별 행정의 하나가교육행정이며, 행정의 전문성이 있다면 누구나 할 수 있다고 봅니다. 이것은행정의 분류와 영역에 따른 '분류체계론', '영역구분설'과 연결되며, 행정의 종합성, 통일성을 강조합니다. 일반행정에서 도입한 성과평가, 성과급 등을 교육행정에도 도입한 것은 교육에 관한 행정 관점에서의 사례가 되겠지요.

　교육을 위한 행정은 교육에 적합한 행정을 의미하며, 교육에 좀더 초점이 있습니다. 교육을 알아야 행정을 잘 할 수 있습니다. 이것은 교육을 지원하기 위해 행정이 존재한다는 관점의 '조건정비론', '기능주의설'과 연결되며, 행정의전문성, 특수성을 강조합니다. 교육청에서 교육행정을 맡아서 수행하기에 교육행정공무원을 별도로 선발합니다. 체제로 볼 때 교육을 위한 행정 관점에 가까운 선발 방식이라고 볼 수 있지요.

'교육에 관한 행정', '교육을 위한 행정'의 사례들을 찾아보세요.

두 관점은 서로 배치되는 것일까요? 무엇이 필요할까요?

교육행정을 전자의 관점으로만 보면 안 된다는 점을 강조한 것이며, 후자의 관점에서 좀더 전문적이고 타당한 행정이 이루어져야 함을 강조한다고 볼 수 있습니다. 간혹 보이는 행정우위, 행정만능을 지양하고, 교육을 위해 봉사하고 섬기는 행정을 지향해야 합니다. 이 책의 부제가 '교육을 위한 행정'입니다. 종종 부정적인 모습으로 다가오는 '교육에 관한 행정'을 현실에서 자주 마주하게 되면, 꼭 필요한 '교육행정'에 대해서도 부정적인 인식을 갖게 됩니다. 오히려 '행정을 위한 교육'이라는 비판도 있는 것이 사실입니다. 이에 당연하고 필요한 관점을 다시금 상기할 필요가 있어 이렇게 주목하게 된 것입니다.

　다만, 교육의 전문성과 특수성을 지나치게 강조하면, 교육만능주의, 홀로 존재하는 섬과 같은 존재가 될 가능성도 있습니다. 국가행정으로 보면 교육도 하나의 행정이며, 개인의 삶에서 모든 분야의 행정과 지원이 관여되지 않는 것이 없습니다. 행정의 일반적인 원리나 절차, 성과 분석 등의 체계를 따르는 동시에, 교육행정의 전문성을 갖추고 발휘하는 것이 옳다고 봅니다.

교육행정은 교육이 이루어지기 위해/교육의 목표를 달성하기 위해 필요한 인적·물적 자원, 제도를 마련하고, 운영하고, 평가하는 일

교육행정학은 교육행정 행위와 현상을 과학적으로 연구하는 학문

한국교육행정학회는 1967년에 출범한 교육행정학의 전문적인 학술단체로, 학술지 『교육행정학연구』를 발간하고 학술대회를 개최하고 있음

4   교육행정의 특성과 가치

교육행정은 어떠한 특성과 가치를 내포하거나 발휘하고 있을까요?
특성은 가지고 있는 속성, 가치는 지향하는 바를 의미합니다.

먼저 교육행정의 특성을 살펴봅니다.

첫째, 공공성을 가집니다. 공공의 이익에 부합하는 행정, 다수의 행복을 위한
행정이 되어야 합니다. 교육과 교육행정은 국민의 세금으로 운영되며, 공공서
비스의 성격을 가집니다. 국가적 차원에서 모두에게 필요한 교육, 모두를 위한
위한 교육이 되도록 노력해야 합니다.

둘째, 합법성/적법성을 가집니다. 법규에 입각하여, 법규에 맞게 행정이 이루
어져야 합니다. 그러나 법규를 매사에 우선한다기 보다, 법규에 의한 행정의
기본적인 속성을 의미한다고 보아야겠습니다. 적법한 집행에 앞서 좋은 법규
가 필요하며, 시대적 상황에 따라 법규의 개정과 재해석도 필요합니다.

셋째, 정치성을 가집니다. 교육행정은 사회적 현상과 행위이며, 모든 사회적
활동은 정치적 속성을 갖습니다. 힘의 역학관계 속에서 의사소통, 갈등, 조정,
협상 등이 나타납니다. 행정과 정책은 특정한 가치를 내포하며 가치를 지향합
니다. 이 또한 정치성을 가진 것이라고 볼 수 있습니다.

넷째, 수단성/봉사성을 가집니다. 행정(administration)의 라틴어 어원에 '봉사'
의 의미가 포함되어 있다고 합니다. 또한 교육이 있기에 이에 대한 행정이 존
재하는 것입니다. 그러나 교육에 종속된다, 교육보다 덜 중요하다는 의미가 아
니라, '본질을 생각하는 행정'이 되어야 함을 강조한다고 보아야겠습니다.

다섯째, 안정성/지속성을 가집니다. 일정기간 안정적으로 운영, 유지되어야
하고 예측가능성이 있어야 합니다. 그러나 필요한 경우 시의적절하게 상황에
대응하는 유연성을 가지고 변화할 필요도 있습니다.

다음으로 교육행정에서 추구하거나 고려하는 가치에 어떤 것이 있을까요? 수월성(excellence), 형평성(equity), 자율성(liberty), 다양성(diversity) 등 교육에서 중요한 가치와 다르지 않습니다.

교육행정에 있어서는 특히 다음과 같은 가치와 준거를 생각해볼 수 있습니다.

첫째, 효과성(effectiveness)과 능률성(efficiency)입니다. 효과성은 목표를 달성하는 정도, 능률성은 투입 대비 산출의 경제성을 의미합니다. 기초학력미달 학생이 안나오게 한다는 목표를 세운 경우, 엄청난 금액과 시간이 들더라도 목표를 달성한다면 효과적인 것이고, 목표를 달성할 때 투입되는 노력, 시간, 비용, 인력 등을 최소화한다면 능률적인 것입니다. 이 둘을 합쳐 효율성이라고도 하는데, 경영 분야에서는 능률성을 곧 효율성으로 보기도 합니다.

둘째, 실현가능성과 수용성입니다. 대안이나 정책이 기술적, 재정적으로 실현이 가능한가? 당사자와 이해관계자가 이를 수용할 것인가? 아무리 좋은 행정이라도 실현되기 어렵거나 거부하는 정도가 높다면 추진하기 어렵지요. 문제의 대안, 방안을 찾을 때 사용하는 중요한 준거이기도 합니다.

셋째, 중요성(importance)과 시급성(urgency)입니다. 일상적인 업무를 매일 수행하지만, 중요하고 시급한 정도에 따라 업무 우선순위가 달라질 수 있습니다. 중요하면서도 시급한 사안을 가장 먼저, 큰 비중으로 수행해야 하겠지요. 시간이 촉박한 일만 하고 있는 것은 아닌지 살펴볼 필요가 있습니다.

넷째, 책무성(accountability)과 책임(responsibility)입니다. 책무성은 영어로 '설명할 수 있음'이라는 뜻으로, 교육의 과정과 결과에 대해 설명할 수 있음을 의미합니다. 설명만 하는 걸까요? 잘 하라, 책임을 지라는 것이겠지요. 학생들의 중도탈락율이 높은 경우, 투입 자원의 측면에서, 과정의 측면에서, 환경의 측면에서 그 이유나 원인을 설명할 수 있겠고, 어느 부분을 더 노력해야 할지 확인할 수 있습니다. 교육에 막대한 공적 자금이 투입되고 학생 성장과 행복에 중요한 시기이므로, 책무성은 당연히 필요합니다. 그러나 이것이 학업성취도나 기초학력미달자 수 감소 등 학력 집중 현상에 우려하는 목소리가 있으며, 학교와 교사에 짐을 지운다는 비판도 있습니다. 2000년대 미국에서 NCLB(No Child Left Behind) 정책을 추진하면서 기초학력미달에 대해 학교에 책무성을 묻자 이에 대해 부정행위 묵인, 결석 용인, 자퇴와 전학 등 부작용이 나타났습니다. 이에 전문가의 '책임'이라는 표현으로 전환해야 한다는 주장도 있습니다. 책무성은 내적 책무성(전문가가 자신에게 묻는 책무성)과 외적 책무성(행정기관, 수요자가 묻는 책무성)이 있어 책임을 포괄할 수 있는 용어이기도 합니다.

이러한 교육행정의 특성과 가치는 시대에 따라 새롭게 등장하기도 합니다. 교육과 마찬가지로 '학생 중심의 교육행정'도 지향할 가치로 제안할 수 있습니다. 또 무엇이 중요할까요?

특히 강조하고 싶은 점은 교육행정의 '교육성'입니다. 교육행정에는 행정의 대상이자 목적인 교육에 입각하여 교육적인 속성이 있어야 합니다. 인간에 대한 관심과 애정, 교육에 대한 신뢰와 사랑이 기반이 되며, 교육적으로 바람직한 행정이 되도록 노력할 필요가 있습니다. 다른 공공서비스에 비해 교육은 대상의 특수성이 있습니다. 목적을 이루기 위해 장시간 그리고 장기간 접촉하고, 보호가 필요한 연령에게 제공되며, 즉각적이고 가시적인 결과가 나타나기 어려운 서비스가 교육입니다. 교육의 '장기성'은 '비긴급성'으로 표현되기도 하는데, 그렇기에 우선 순위가 밀려서는 안되겠지요. 이것이 교육행정의 지향을 규정하는 가장 큰 요소일 수 있겠습니다.

하나 더, 교육행정은 '과학'일까요, '예술'일까요? 교육과정학자 아이즈너(Eisner)가 '예술로서의 교육'을 제안했듯이 교육행정은 사람이 만드는 인간적이고 창의적인 것으로 보기도 합니다. 과학성과 예술성이 함께 필요합니다!

교육행정의 특성과 가치 중에서 중요하다고 생각하는 것, 새롭게 제안하고 싶은 것은 무엇인가요?

5 교육행정의 기능과 영역

교육행정이 수행하는 기능과 담당하는 영역을 살펴보겠습니다.

행정 기능을 살펴보기 위해 먼저 행정의 이론들을 참고할 필요가 있습니다. 프랑스의 행정학자 페이욜(Fayol)은 1916년 조직의 기능을 여섯 가지로 나누고 그중 관리적 기능을 다섯 가지로 제시하였습니다. 기획(planning), 조직(organizing), 지시(commanding), 조정(coordinating), 통제(controlling)입니다. 이러한 조직관리의 기능은 오랫동안 주요한 행정/경영 기능으로 인식되었습니다.

여기에서 POSDCoRB('포스드코브'로 읽음)가 파생하였는데, 기획(planning), 조직(organizing), 인사(staffing), 지시(directing), 조정(cordinating), 보고(reporting), 예산(budgeting)입니다. 대통령 등 최고 관리층이 수행하는 일에 대해 1937년 굴릭(Gulick)과 어윅(Urwick)이 분석한 요소로, 행정 과정에 대한 대표적인 이론이 되었습니다. 이후 시대적 변화에 따라 지시는 지도로, 통제는 평가 등으로 바뀌었으나 여전히 중요하게 여겨지고 있습니다,

그렇다면 교육행정의 기능은 어떻게 나뉠까요?

학교에서의 업무 분장을 통해 먼저 살펴볼 수 있습니다. 교무, 연구, 학생, 교육과정 등은 학교 교무실의 대표적인 업무 분장입니다. 행정실에서는 재정,

시설 등을 관장하지요. 교직원의 복무 관리, 기간제 교원과 교육공무직원의 임용 등 인사 행정도 이루어집니다. '교무기획부' 외에도 모든 부서에 기획이 필요합니다. 교육청에는 기획 부서가 반드시 있고, 조직 관리와 재정, 교육정책과 혁신의 비중이 큰 편입니다.

교육행정은 방향과 전략을 수립하는 기획, 필요한 업무와 자원의 구조를 조성하는 조직, 조직을 지도하고 조정하는 것(지도, 조정), 조직의 성과를 통제하고 평가하는 것(통제, 평가) 등 일반적인 기능을 공유하며, 주요 분야로는 교무에 해당하는 학사, 학생, 교육과정, 서무에 해당하는 재정, 시설관리, 교직원을 대상으로 하는 인사(능력개발 포함) 등으로 구성된다고 볼 수 있습니다.

교육행정의 종합적인 영역 내지 구조는 다음 그림들을 참고할 수 있습니다. 첫 번째 그림은 윤정일 등(2022)이 제시한 그림이고, 두 번째 그림은 신정철 등(2022)이 제시한 그림입니다.

기능별(업무별)로는 기획, 조직, 인사, 재정, 시설 등의 일반적인 행정과 장학, 교육과정, 수업, 평가, 생활지도 등에 대한 행정으로 구분할 수 있습니다. 두 번째 그림의 경우, 지원체계 구축과 교육활동 지원을 구분하고, 목표 설정(기획), 감사·평가·장학·컨설팅(평가)을 배치하였습니다. 특히 교수학습에 대한 지원 행정은 앞으로 더욱 중요해질 것입니다.

대상별로는 유아교육행정, 초등교육행정, 중등교육행정, 특수교육행정, 고등교육행정, 평생교육행정이 있습니다. 학교급과 특성에 따라 행정에 차이가 있을까요? 유아를 가르치는 학교와 성인을 가르치는 대학은 운영 원리와 특징에 차이가 있을 수 있겠지요. 사립학교에 대한 행정(사학행정)은 사학(私學)의 성격에 대한 이해가 필요합니다. 학교를 대상으로 구분한 것이며, 학생, 학부모, 교원 그리고 교육공동체와 지역사회 등으로 구분할 수도 있겠습니다

교육행정영역 구분

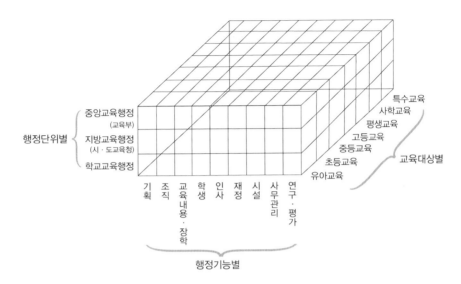

출처: 윤정일 외(2022). p.24.

교육행정의 구조

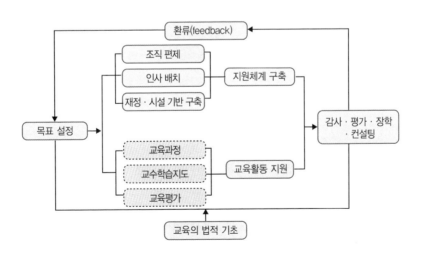

출처: 신정철 외(2022). p.59.

행정단위별로는 국가 차원(국가교육행정), 지방 차원(지방교육행정), 학교 차원(학교행정)이 있습니다. 이 중 교육기관이면서 교육행정기관인 곳은 어디일까요? 학생이 있는 가장 중요한 곳이고 교육행정의 핵심인 학교입니다! 국가와 지방 차원의 교육행정은 학교를 위해 존재합니다.

교육행정에 대해 이미 알고 있던 것과 새롭게 알게 된 것은 무엇인가요?

교육행정에 대한 기본적인 개념이 생겼을까요?
'교육을 위한 행정'을 기억하면서, 이제 본격적으로 시작해 봅시다!

"... 인간형성의 과정인 교육은 결코 단순한 문제가 아니다. 그것은 계획적이고 계속적인 노력을 전제로 하지 않는 한 아무런 가치나 효과도 기대할 수 없다. 여기에 교육의 효과를 조장키 위한 교육행정의 필요성이 인정되는 것이다.
그러나 이 교육행정이란 그 보는 관점에 따라서 여러 가지로 달리 정의되어 왔다. 대체로 지금까지의 교육행정의 정의는 크게 나누어서 두 가지로 말할 수 있을 것이다. 그 하나는 교육행정을 일반행정의 일부분으로 생각해서 『교육에 관한 행정』이라고 보는 것이고, 다른 하나는 『교육을 위하여 필요한 제조건을 정리확립』해 주는 것이라는 정의로서, 전자는 법규해석적 정의이며, 후자는 수단화적 정의라고 할 수 있다."

백현기(1958). 교육행정학. 을유문화사. pp.21~22.

더 찾아보기

백현기(1958). 교육행정학. 을유문화사.
벡현기(1964). 신고교육행정. 을유문화사.
백현기(1969). 교육행정의 기초. 배영사.
우리나라 최초의 교육행정 전문서를 발간하고 지속적으로 보완 집필함.

김종철(1965). 교육행정의 이론과 실제. 교학사.
김종철(1982). 교육행정학신강. 세영사.
교육행정의 개념과 관점, 이론과 실제를 제시하고 학문적으로 정립하고자 함.

강길수(1957). 교육행정. 풍국학원.
강길수(1976). 한국 교육행정사 연구. 교육출판사.
한국 교육행정의 전개과정을 연구하고 교육행정사를 개척함.

박수정(2016). 한국 교육행정사 탐구. 충남대학교 출판문화원.
한국 교육행정의 역사와 원형을 시론적으로 탐구함.

윤정일, 송기창, 김병주, 남수경(2022). 교육행정학원론. 학지사.
대표적인 교육행정학 교재로 교육행정의 개념과 성격, 영역, 이론 등을 체계적으로 정리함.

신정철, 신철균, 한은정(2022). 교육행정의 이해. 교육과학사.
우리 교육행정 현상에 대한 사실적 이해를 바탕으로 교육행정의 구조와 이론을 정리함.

한국교육행정학회 편(2013). 한국 교육행정학 연구 핸드북. 학지사.
한국 교육행정학의 주요 영역과 연구동향을 종합적으로 확인할 수 있음.

신현석(2020). 한국 교육행정학論. 교육과학사.
'한국적 교육행정학'의 정체성을 규명하고 정립하기 위한 서설 성격으로 정리함.

01 교육행정의 의미와 중요성을 알 수 있는 사례를 찾아보고, 교육행정에 대한 소개 글을 알기 쉽게 작성해 보세요.

02 내가 살고 있는 지역(광역 시·도)의 교육청 조직도를 누리집을 통해 살펴보고, 교육행정의 범위를 확인하여 정리해 보세요.

( ) 교육청 조직도	교육행정의 범위(기능, 대상)

03 학생으로 혹은 가정과 사회에서 각종 행사를 '기획'한 예를 찾고, 기획에 필요한 일과 역량이 무엇일지 제시해 보세요.

각종 행사의 기획 사례	기획에 필요한 일과 역량

04 전형적인 모습의 학교가 아닌 새로운 학교, 교실, 운동장의 모습을 상상하고, 창의적으로 그려보세요.

학교 구상	설명

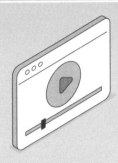

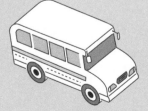

Chapter

02

교육행정 이론

교/육/행/정/입/문

Chapter **02**

교육행정 이론

1 교육행정 이론의 출발

교육행정이 무엇인지 개략적으로 살펴보았습니다.

그 기반을 이루는 '**이론**'에 대해 살펴보고자 합니다.

이론이라고 하면 어렵게 느껴지거나 거리가 멀다고 생각될 수 있습니다.

이론은 무엇일까요? 왜 배워야 할까요? 어디에 어떻게 활용하는 것일까요?

이론(theory)과 실제(practice)는 어떤 관계가 있을까요?

교육행정은 '학교조직의 효율적인 관리'로부터 출발하고 발전하였기 때문에 '조직'에 대한 이론이 중요합니다. 교육학은 '교육'에 집중하므로, 조직과 조직 행동에 대한 연구는 행정학, 경제학, 경영학, 심리학, 사회학 등에서 빌려오게 됩니다. 따라서 교육행정학은 여러 학문의 이론을 공유, 활용하고 함께 성장하는 **간학문적, 다학제적**(interdisciplinary) 성격을 갖습니다. 일반 조직에 대한 연구를 교육조직에 준용하는 경우도 있고, 교육조직에 대한 연구에서 출발하여 교육행정학의 고유한 이론이 되는 경우도 있습니다.

교육행정에 대한 이론을 역사적으로 살펴보면, 크게 **고전이론, 인간관계론, 행동과학론, 다원론**으로 볼 수 있습니다. 어느 것도 간단하게 설명되는 이론은 없으나, 여기에서는 큰 틀에서 이론의 흐름을 본다는 생각으로 핵심만 살펴보겠습니다. 각 이론의 핵심적인 내용과 장단점, 그리고 '교육조직에의 적용'에 초점을 두어 살펴보기 바랍니다.

교육행정 이론의 흐름

- **고전이론**: 과학적 관리론, 관료제론 등
- **인간관계론**: 호손 연구 등
- **행동과학론**: 체제론, 사회과정론 등
- **다원론**: 해석적 관점, 급진적 관점, 신과학 등

고전이론은 과학적 관리론과 관료제론이 대표적입니다. **과학적 관리론**은 경영학에서 대표적인 이론으로 테일러(Taylor)가 주창하여 테일러리즘(Taylorism)이라 하고, **관료제론**은 행정학에서 대표적인 조직이론으로 베버(Weber)가 제안하였습니다. 각각 기업과 공공조직의 특성과 운영을 설명하는 이론으로 현대 조직에 큰 영향을 미쳤고, 학교에도 엄청난 영향을 남겼습니다.

과학적 관리론은 미국의 공장장으로 근무했던 테일러가 저술한『과학적 관리의 원리』(1911)에서 출발하였습니다. 19세기 후반 산업화의 진전에 따라 대량생산 시대가 도래하였고 이에 대규모 조직의 효과적 관리와 생산성 증대에 대한 고민이 커지게 되었습니다. 과거 '주먹구구식'으로 이루어진 조직 관리, '근무태만'을 가져온다고 본 비효율적인 업무방식을 체계적, 과학적으로 변경하는

Frederick Winslow Taylor(1856-1915)　　Maximilian Karl Emil Weber(1864-1920)

데 일조하였습니다. **시간 연구**(time study), **동작 연구**(motion study) 등을 통해 근로자가 하루에 해야 할 일의 할당량과 업무를 명세화하고, 표준화된 조건, 성과에 따른 급여 등을 도입했습니다. 유사한 흐름으로 미국 포드자동차 회사에서 컨베이어 벨트(conveyor belt)를 이용한 조립생산으로 대표되는 대량생산, 대량소비의 성장체제 **포디즘**(Fordism)도 나타났습니다.

이러한 과학적 관리(scientific management)는 '**조직의 체계적 관리**'를 의미하며, 학교조직에도 적용되었습니다. 연간 이수해야 하는 교육과정, 하루의 일과 및 시간표, 정해진 근무시간, 해야 할 직무를 구체적으로 명시하고, 잘 지키고 있는지 '감독'하는 관행 등이 과학적 관리론의 유산이라고 볼 수 있습니다.

과학적 관리론은 조직 관리의 체계화, 생산성 제고라는 성과를 가져왔으나, 근로자를 철저히 대상화하고, 경제적 동기에만 움직인다고 보는 기계적 인간관에 기초한다는 비판을 받았습니다. 학교를 '기계' 혹은 '공장'으로 바라본다는 점(공장제

영화 '모던 타임즈'(1936) 중에서

모델로서의 학교)은 교육조직에 적합한 관점일까요? 교육에서 '낭비'를 제거하는 것(Bobitt, 1912)은 교육목표 달성에 가장 도움이 되는 접근일까요? 찰리 채플린 주연의 '모던 타임즈(Modern times)'는 사람이 기계 부속품으로 인식되는 모습을 그린 영화입니다.

관료제는 독일의 사회학자 베버가 최초로 제시한 조직 형태입니다. '관료제'의 연관어로 '병폐'가 함께 나타나 부정적인 어감이 크지만, 가장 효율적이고 합리적인 조직이라는 이상형(ideal type)으로 제안되었던 이론입니다. 관료제(bureaucracy)는 사무실(bureau)에서 유래되었고, 여기에서 일하는 사람을 관료(bureaucrat)라 합니다. 권위(authority)를 성별이나 나이와 같은 전통적 권위, 개인적인 비범성에 의한 카리스마적 권위, 합리적인 규정과 규칙에 의해 부여된 합법적 권위로 구분할 수 있는데, 이 중 합법적 권위에 의해 운영되는 조직이 관료제라고 보았습니다. 관료제는 권위의 위계(hierarchy), 분업과 전문성, 업적 중시, 규정과 규칙, 비인정성(impersonality) 등의 특징을 갖습니다. 교육과 학습, 그리고 능력주의를 중시합니다. 혈연과 신분에 의한 전근대 정부조직에 비하면 얼마나 합리적인가요!

> 학교장은 '소속 교직원을 지도·감독한다'고 『초·중등교육법』에 명시되어 있습니다. 그 근거를 권위와 관련하여 설명해 보세요.

그러나 관료제는 기대하는 순기능 외에도 예상치 못한 역기능을 낳았습니다. 예컨대 규정과 규칙의 강조는 업무와 조직 운영의 계속성과 통일성을 가져오지만, 때로는 목표보다 규정이 상위에 있는 목표전도현상(goal displacement)을 가져올 수 있습니다. 교육적인 목적으로 새로운 일을 추진하고자 하나 현행 규정에서 혹시나 문제의 소지가 있을 때 하지 못하게 한다면, 규정과 규칙으로 인해 교육이라는 목표가 뒤에 밀리는 것이 됩니다. 소극행정, 보신주의(保身主義)와 같은 바람직하지 못한 현상을 낳기도 합니다. 사사로운 감정이나 인연과 무관하게 대하는 비인정성은 원칙에 따라 예외없이 대우한다는 점에서 공평하다는 순기능이 있지만, 예기치 못한 개인적인 사정이 발생한 경우에는 조직생활을 해나가는 데 어려움을 겪고 사기가 저하될 수 있습니다.

학교에서 목표전도현상의 예를 들어볼까요? 열정이 넘치는 중학교 초임교사는 수업시간에 학생들을 인솔하여 인근에 야외학습을 다녀오겠다는 결심을 합니다. 교감 선생님께 허락을 받고자 하였을 때 이런 이야기를 듣습니다. "교통사고라도 나면 어떡해?", "학생이 몰래 어디 가서 담배 피우다가 민원이 들어오면?" 학생을 걱정하는 마음이겠지만, '교육' 보다 더 중요한 것은 '무사고'라는 생각이 듭니다. 사고 나지 않는 것, 하라고 하는 것에만 집중하게 되지 않을까요? 반대의 상황도 있습니다. 최근에는 안전과 책임을 이유로 현장체험학습을 가지 말자는 교사들이 늘었다고 합니다. 과연 무엇이 중요한 것일까요?

생각지 못한 역기능이 발휘되고 커질수록 관료제의 병폐가 부각되었고, 위계적이고 경직된 조직의 대명사가 되었습니다. 학교 또한 관료제의 특징을 띠는 조직으로, 권한과 책임이 상하로 부여되고 해야 할 일이 나누어져 있습니다. 지금도 학교조직의 가장 큰 특징으로 관료제가 언급되고 있습니다. 학교와 다른 조직을 비교하면 어떨까요? 같은 공공조직이라 하더라도 관료제 정도는 조금씩 다르게 나타나고 있습니다. 관료제는 다음 장에서 다시 살펴봅니다.

고전이론에 이어 **인간관계론**의 시대가 옵니다. 1920년대 말 시작된 중요한 역사적 사건은 무엇일까요? 승승장구하던 경제에 큰 타격을 가져온... 바로 대**공황**입니다. 과학적 관리 방식으로 생산성이 마냥 상승할 것이라는 기대에 찬

물을 끼얹고, 새로운 대안을 찾게 하였습니다. 변화하는 상황에 맞는 유연생산 체계 **포스트포디즘**(post-Fordism)이 나타났고, 새로운 이론이 탄생합니다.

호손 웨스턴 일렉트릭 회사 전경(1925)

메이요(Mayo) 등 하버드 경영대학원의 사회심리학자들이 미국 호손 지역의 웨스턴 일렉트릭 회사에서 1924년부터 1932년까지 행했던 일련의 실험 즉 **호손연구**는 인간의 조직 행동을 종전과 다르게 설명하였습니다. 물리적 조건이 생산성에 영향을 주는지 확인하기 위해 조명실험을 하였는데, 조도를 높일수록 생산성이 계속 올라갈 것이라는 기대와 달리 생산성은 어느 수준이 되면 멈추었습니다. 당시로서는 놀라운 결과였습니다. 이번에는 원하는 사람과 팀을 짜도록 하고 지켜보았습니다. 과학적 관리론에 따르면 작업에 가장 효율적인 방식으로 팀을 편성하고 보상이 있는 경우 생산성이 높아집니다. 그러나 결과는 그렇지 않았습니다. 원하는 사람과 함께 일할 때 성과가 높아졌고, 일을 많이 하는 사람은 적게, 일을 적게 하는 사람은 조금 더 많이 자신의 일을 조정하였습니다. 이것은 조직에서 사기, 만족과 같은 **사회심리적 요인**의 중요성, 조직 내 **비공식적 집단**과 규범의 존재를 보여주었습니다. 단, 피실험자가 실험 대상임을 인지한 것이 연구 결과에 영향을 미칠 수 있다는 비판도 있습니다.

호손연구를 토대로 발전한 **인간관계론**은 조직관리와 학교조직에 어떠한 영향을 주었을까요? 사회심리적 요인에 대한 관심, 인간적 접근, 비공식적 집단의 관리 필요성 등을 가져왔고, 과학적 관리론에 경도되었던 교육현장에 **'민주적 학교운영'**이라는 새로운 장을 열게 됩니다. 감독과 통제 중심의 관리에서 사기, 만족, 협동을 강조하고 현장의 이야기에 귀기울이는 계기가 되었습니다.

과학적 관리론과 **인간관계론**은 여러모로 대조적입니다. 인간에 대한 관점이 다르고, 조직관리에 대한 접근도 다릅니다. 어떤 이론이 더 마음에 와닿을까요? 내가 경영자 혹은 상급자라면 어떤 이론으로 조직을 운영하겠습니까?

'과학적 관리론'과 '인간관계론' 중 조직을 운영하는데 더 적합하다고 생각하는 이론과 그 이유는 무엇인가요?

인간적 측면에서 보자면 과학적 관리론은 비인간적으로, 인간관계론은 인간적으로 보입니다. 그래서 인간관계론이 선호되기도 합니다. 그러나 인간관계론으로 조직을 운영하면 제대로 운영되지 않을 것이라고 보는 견해도 존재합니다. 조직은 사교모임이 아니고 설정한 목적을 달성해야 하는 곳이니까요.

두 이론은 대단히 달라 보이지만, 공통점도 있습니다. 두 이론 모두 가장 큰 목표는 조직의 **'생산성'**입니다. 조직의 성과를 높이기 위해 하나는 조직의 '구조'적 측면을, 다른 하나는 조직 내 '사람'을 잘 관리하는 것입니다. 조직의 성과가 아닌 다른 것이 목표인 이론과 실제가 있을까요? 20세기 후반에 나타난 인간자원론의 경우 자아실현을 추구하는 '인간' 그 자체가 목적이며, 이윤 창출을 목적으로 하는 기업에서도 고용 창출과 공헌을 가장 중시하는 '사회적 기업'이 출현했습니다.

두 이론은 조직의 **내부**에 초점을 두었다는 점도 공통적입니다. 조직을 둘러싼 환경에 대해서는 별로 언급이 없었지요? 조직은 외부와 밀접한 관계가 있고 영향을 주고 받을 수밖에 없으니, 다음 단계의 이론을 기다리게 됩니다.

100여 년 전의 이론들이 여전히 유용할까요? 지금도 과학적 관리론과 인간관계론을 목격할 수 있나요? 이 책에서 앞으로도 여러번 등장하고 교육현장과 사회생활에서도 만나게 될 것입니다.

2 교육행정 이론의 변화

20세기 중반에 큰 역사적 사건들이 나타납니다. 제2차 세계대전 후 미국과 소련을 양대축으로 하는 **냉전체제**가 시작되었고, 교육적으로 중요한 사건으로 소련이 세계 최초의 인공위성 **스푸트니크** 발사(1957년)에 성공하였습니다. 미국의 충격은 컸고 그 원인을 교육에서 찾으면서 많은 변화를 가져왔습니다. 이러한 분위기 속에서 사회과학과 행동과학론의 시대가 등장하게 됩니다.

행동과학론(behavioral science)은 인간의 사회적 행동을 과학적으로 접근하려는 시도입니다. '**사회과학**(social science)'이라는 용어도 나타났는데, 자연과학에서 자연현상의 법칙을 찾는 것과 마찬가지로 사회과학에서는 사회현상과 행동의 일반적인 규칙을 찾고자 하였습니다. 이를 위하여 규명하고자 하는 개념을 조작적으로 정의하고 **가설**을 만든 후, 집단을 대표하는 표본을 추출하는 표집을 하여, 조사와 검증을 통해 가설을 채택하거나 기각하는 **경험적 연구**(empirical study)가 대세가 됩니다. 오늘날 사회과학 분야에서 가장 대표적이고 전형적인 연구방법은 논리실증주의(logical positivism)에 기반하여 사회 현상과 행동을 주로 통계적으로 규명하고 있습니다.

궁금한 사회적 행위 또는 현상을 가설(A 할수록 B 할 것이다)의 형식으로 적어보세요.
예시) 사람들이 협력할수록 더 나은 결과를 가져올 것이다.

　　행동과학론에서 대표적인 이론으로 **체제론**(system theory)을 들 수 있습니다.
체제론의 핵심은 조직을 **유기체**로 본다는 점, 조직을 폐쇄적인 체제가 아닌
개방 체제(open system)로 본다는 점입니다. 생명이 있는 모든 유기체는 투입,
과정, 산출의 과정을 거치며, 환경과 상호작용합니다. 무언가를 먹으면, 몸에
영양분이 남고 소화가 되며, 찌꺼기는 배출됩니다. 장소나 날씨에 따라 몸의
컨디션은 달라지고 새롭게 먹고 싶은 음식을 고르게 됩니다. 조직에 대입해보
면 어떨까요? 학교조직의 경우, 재학하는 학생과 근무하는 교직원이 필요합니
다(투입). 학교에서 교육활동과 다양한 경험이 이루어지며(과정), 학업성취도,
중도탈락, 학교폭력 등의 결과가 도출됩니다(산출). 학부모와 지역사회(환경)와
관련을 맺으며 학교에 일정한 영향을 미치거나 투입으로 환류됩니다. 특히 '환
경'은 개방 체제의 특징을 보여주며, 앞선 이론들과 차별화됩니다.

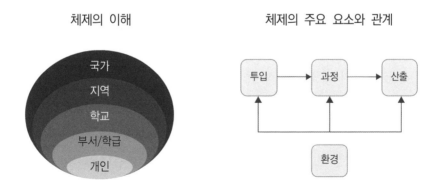

체제의 이해　　　　　　　체제의 주요 요소와 관계

　　이렇게 조직을 체제론으로 볼 경우, 조직에서 일어나는 일을 체계적으로 분
석할 수 있다는 장점이 있습니다. 또한 조직의 안과 밖을 함께 고려하여 파악

할 수 있습니다. 예컨대 기초학력미달 학생이 다른 학교에 비하여 많이 나타나는 이유는 무엇 때문일까? 이에 대한 설득력있는 설명은 체제론적 접근으로 가능할 수 있습니다. 체제론의 주요 요소인 **투입, 과정, 산출, 환경**을 꼭 기억해두세요! 또한 교육이 이루어지는 학교가 국가와 지역이라는 상위체제에 속하며, 학교 안에서도 하위체제를 가진다는 점도 중요합니다.

체제론과 관련하여 살펴볼 이론은 **사회과정론**입니다. 학교는 하나의 사회체제이고, **제도**와 **개인**이라는 구성요소를 갖습니다. 체제의 목적을 실현하는 제도는 개인에 대하여 '역할'과 '역할기대'를 가지고, 체제를 구성하는 개인은 자신의 '성격'과 '욕구성향'을 가집니다. 게젤스(Getzels)와 구바(Guba)는 인간의 사회적 행동에 대해 간단한 공식으로 강력하게 설명했습니다. B＝f(R×P) **사회적 행동**(social behavior)은 **역할**(role)과 **성격**(personality)의 함수(상호작용)라는 것이지요. 참고로 성격은 인성, 개성 등으로도 번역됩니다.

생각해볼까요? 자유인으로서 나는 성격에 의한 자연스러운 행동을 보이겠지만, 교사로서의 행동은 교사라는 역할과 나의 성격이 결합되어 특정한 사회적 행동으로 표출되겠지요. 점잖고 교양 있는 말을 쓸 것이고, 도덕적인 행동과 자세를 보이게 됩니다. 그러면서도 복장이나 말투에서 개성이 배어나겠지요. 직업에 따라 그 비중이 다르다는 연구결과도 있는데, 군인, 교사, 연예인을 예로 든다면, 역할의 비중이 가장 큰 직업은 무엇일까요? 개성의 비중이 가장 큰 직업은? 교사는 중간 정도라고 합니다. 학교급별로는 어떨까요? 개인마다 얼마나 다를까요? 생각할 것이 많은 이론입니다. 게젤스와 텔렌(Thelen)은 개인적 측면과 규범적 측면에 인류학적, 조직풍토, 생물학적 측면을 더하여 복합적으로 설명하였습니다. '역할'과 '성격'은 여전히 중요하지만, 인류학적 차원에서 '**가치**'를 중시하였다는 점은 개방 체제로서의 관점을 보여줍니다.

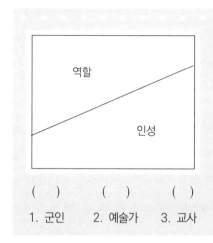

내가 만난 교사들이 보여준 행동은 역할과 인성 중 어떤 면이 좀더 두드러졌나요? 학교급에 따라 차이가 있을까요?

( )   ( )   ( )

1. 군인   2. 예술가   3. 교사

행동과학론은 학교경영에서 **과학적 연구**를 중시하게 하였고, 1950~1970년대 교육행정학에서 **이론화 운동**을 가져왔습니다. 또한 조직 외부의 환경, 그리고 환경과의 상호작용에 관심을 두는 연구들이 이루어지고 있습니다. 오늘날 교육행정학 연구는 행동과학 기반의 **경험적 연구**가 대세를 이루며, 실증적 근거를 도출하고 그에 의한 체계적인 행정과 경영을 하도록 권장되고 있습니다.

이제 전개되는 시대는 다양한 이론들이 등장하는 **다원론**의 시대입니다.

논리실증주의, 합리적 관점에서의 조직 연구에 대하여 **해석적 관점**의 연구가 등장합니다. 그동안의 조직 연구는 조직을 합목적적인 집단, 즉 목적에 의해 설립되고 운영된다는 관점이 지배적이었다면, 그렇지 않다는 견해가 나타났습니다. '조직을 구성하는 개인들의 주관적인 의미구성체'로 조직을 보는 관점입니다. 어떻게 생각하십니까? 학교라는 조직을 교육을 위한 곳, 교육이 이루어지는 곳으로 생각하는 사람도 있지만, 저마다 다른 생각을 하고 학교에 근무하러 오기도 합니다. 자아실현을 위한 곳, 성취감을 느끼게 하는 곳, 생계를 위한 곳, 다른 일 또는 여가를 위한 곳, 즐거운 곳, 괴로운 곳 등 여러 의미를 갖지요. 이렇게 조직을 생각할 경우, 조직의 경영관도 달라지게 됩니다. 사람들은 조직을 어떻게 생각하며 그 의미는 무엇인가, 사람들은 조직에서 어떻게 행동

하며 그 이유는 무엇인가 등 조직의 의미와 행동 특성에 관심을 갖고, 전체성
보다 개별성, 객관성보다 주관성에 초점을 두게 됩니다. 주로 질적인 방법으로
연구하고문제의 해결이나 처방보다는 현상의 기술과 설명에 강합니다.

　호주의 교육행정학자 그린필드(Greenfield)는 조직은 객관적인 실체가 아니
고 인간에 의해 창조되고 의미가 부여된 사회문화적 가공물이기 때문에 가설
연역적 체제만으로는 이해할 수 없으며, 교육행정 현상을 연구하는 새로운 패
러다임이 필요하다고 주장하여 1970년대 교육행정학계에 큰 논쟁을 불러일으
켰습니다. 민속학, 현상학, 해석학, 기호학 등 새로운 관점에서 학교와 교육행
정 현상이 연구되기 시작하였고, 참여관찰, 면담 등으로 이루어지는 **질적**
(qualitative) **연구**가 등장했습니다. 기존의 **양적**(quantitative) **연구**가 법칙의 발
견을 통해 실제적인 처방(prescribe)을 목적으로 하는 것이라면, 질적 연구는
기술(describe)에 초점이 있고 현상의 이해와 분석에 강점이 있습니다. 미국의
교육행정학 전문학술지 Educational Administraion Quarterly(EAQ)에 게재된
논문은 질적 연구가 더 큰 비중을 차지하고 우리나라에서도 최근 질적 접근이
많아지고 있는 추세입니다.

　이 밖에도 비판이론, 포스트모더니즘, 페미니즘 등 **급진적 관점**에 의한 연구
도 등장하였고, 최근에는 복잡계 이론, 신자유주의 등 **신과학**도 등장하여 교육
행정 연구에 영향을 주었습니다. 특히 정부와 공공영역에 대한 행정에 영향을
미친 이론을 살펴보면, **신공공관리론**은 민간 부문의 경영관리 기법들을 도입하
여 공공관리 방식을 혁신하되, 공공조직의 주체적인 지위를 유지하는 관리 모
형입니다. **신자유주의**는 민간 부문의 자율적인 조절 역량을 신뢰하여 자유 경쟁
과 시장 선택에 따른 사회적 조정이 이루어지게 하되, 시장의 실패에 대해서는
정부가 개입하여 경쟁의 조건을 정비하고자 합니다. **민영화론**은 공공업무를 민
간 영역에 위탁하거나 전환하여 시장으로 대체하되, 정부의 개입을 최소화한

다는 입장을 취합니다. 이 이론들은 시장 기제의 효율성과 반응성을 신뢰한다는 점에서 공통적이며, 국가 정책과 행정에도 반영되고 있습니다.

주요 이론의 이름과 개요만 제시하였는데, 관심이 가는 이론들은 좀더 찾아보기 바랍니다. 예컨대 **비판이론**과 관련하여 근대 공교육의 학교가 가져온 인간 소외, 억압, 불평등에 대한 문제의식으로 등장한 **대안학교**의 경우, 학교를 바라보고 운영하는 관점은 다를 수 있습니다. 학교 밖에서도 배움이 일어납니다. 이에 대한 지원체계는 어떠한 모습으로 이루어져야 할까요? 지금도 새로운 이론들이 나타나고 있으며, 다원론의 시대는 계속되고 있습니다.

3 교육행정 이론의 현실과 전망

지금까지 교육행정을 설명하는 기초 이론들을 살펴보았습니다. 압축적으로 살펴보았기 때문에 궁금한 점이 많을 겁니다. 어떤 느낌이 들었습니까? 교육행정 고유의 이론이 있나요? 그렇게 많아 보이지 않습니다. 교육학과 다른 분야의 이론을 활용하는 간학문적 성격으로 출발한 교육행정학에서 고유한 이론체계에 앞서 중요한 것은 관련 이론의 정확한 이해입니다.

지금까지 살펴본 이론 중에서 한국의 이론이 있었나요? 보편적인 이론을 이해하고 적용하는 것이 첫 번째 단계라면, 우리의 상황에 적합한 이론을 만들어가는 것도 중요합니다. 거대한 이론은 아니어도 개별 분야에서 한국의 교육행정 이론들이 축적되고 있습니다. 그러나 아직은 외국 이론의 수입과 소개가 지배적이고, 우리의 이론이 활발하게 소개된다고 보기는 어렵습니다.

교육행정학자 진동섭은 자생적인 교육개혁 및 학교 변화와 관련하여 2003년에 학교컨설팅, 2023년대에 **교육디자인** 개념과 이론을 제안하였습니다. 딜레마, 복잡계, 패러독스 등의 이론과 개념을 한국의 교육행정과 정책 상황에 적용하고 분석한 심층적인 연구들도 발표되고 있습니다. 교육과 교육행정의 본질, 그리고 한국의 교육행정 현실에 터한 이론의 창출을 기대합니다.

　이론은 현실을 설명하고 미래를 예측하는 기능을 합니다. 그리고 실제와 이론을 연결하는 힘은 '연구'에 있습니다! 많은 연구자와 교사 연구자들이 교육행정 연구를 하고 이론을 구축하고 있습니다. 여기에서 살펴본 이론은 추후 학교조직론, 리더십, 동기, 장학에서도 다시 등장합니다. 다시 읽어보거나 좀더 찾아보아도 좋겠습니다. 이론은 중요합니다!

"교육디자인은 기존의 교육이 인간의 이성과 합리성, 행정과 경영의 계획성과 효과성을 지나치게 강조하고, 상대적으로 인간의 감성과 예술성, 행정과 경영의 비계획성과 우연성 등은 소홀하게 다루었다는 인식에서 나온 이론이다. 그러나 이들 가치들이 서로 대립되는 듯이 보인다고 해서, 이들의 관계가 서로 배타적이라거나 둘 중의 하나만 선택되어야 하는 관계는 아니다. 교육디자인은 이들이 균형과 조화를 이루도록 함으로써 교육 서비스 질 향상에 상승 효과를 올릴 수 있다고 본다. 교육의 쓰임새와 쓸모와 함께 아름다움의 가치를 강조하는 디자인은 교육의 품위와 격조를 높이는 데 기여한다...

교육디자인은 행복한 인간을 양성하기 위해서 쓰임새·쓸모(用)와 아름다움(美)이 어울리는 교육과 교육환경을 여럿이 함께 공들여서 구안하고 실행하는 전문적 서비스다."

진동섭(2022). 교육디자인 이론. 교육과학사. pp.326, 362.

더 찾아보기

조석훈(2018). 학교와 교육행정. 교육과학사.
교육행정의 주요 이론과 학자를 자세하고 흥미롭게 소개함.

진동섭(2003). 학교 컨설팅. 학지사.
학교 변화를 위한 자생적인 개념과 이론 '학교컨설팅'을 최초로 소개함.

진동섭(2023). 교육디자인 이론. 교육과학사.
교육, 예술, 디자인을 접목한 '교육디자인' 개념과 이론을 제안함.

임연기(2021). 딜레마와 교육정책. 학지사.
딜레마 관점을 적용하여 농촌교육 등 주요 교육정책의 상황, 정책, 양상, 전망을 살펴봄.

신현석(2023). 한국 교육정책의 패러독스: 연구와 실제. 박영스토리.
교육정책 패러독스 관점을 발전시켜 우리나라 교육정책 사례에 적용, 분석한 연구 사례들을 정리함.

박수정, 이희숙, 김선영(2024). 교육연구논문작성법.
교육연구의 개념과 양적연구, 질적연구의 개요를 확인할 수 있음.

Taylor, F. W. (1911). *The principles of scientific management*. **Harper and Brothers.**
대량생산과 대량소비의 시대, 과학적 관리의 원리를 선구적으로 소개함.

01 교육행정가에게 이론은 어떤 의미일까요? 교육행정 이론을 알면 어떤 상황에서 도움이 되고 어떻게 활용될 수 있을지 의견을 제시해 보세요.

02 교육행정 이론 중에서 가장 관심이 가는 이론은 무엇인가요? 한국의 교육 현장에서 어떠한 현실을 설명하는데 유용할지 의견을 제시해 보세요.

03 대안학교는 어떠한 조직체계를 갖추고 있을까요? 일반학교와 다른 교육행정의 특징이 있을까요? 대안학교와 대안적 성격을 갖는 학교의 누리집에서 조직과 행정을 살펴보고 분석해 보세요(예: 간디학교, 이우학교, 풀무학교, 별무리학교 등).

04 한국교육행정학회 누리집에서 전문학술지 『교육행정학연구』에 수록된 논문 목록과 원문을 찾을 수 있습니다. 관심이 가는 논문에서 연구의 문제의식과 이론을 찾아보세요.

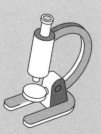

Chapter

03

교육조직론

교/육/행/정/입/문

교육조직론

1 학교조직의 특징

오랜 시간 생활했고 부모가 되면 다시 관계를 맺는 대단히 익숙한 곳.
'**학교**'는 어떤 곳일까요? '조직'으로서 학교를 얼마나 알고 있을까요?

'학교관리'로 출발한 교육행정에서 **학교조직**은 대단히 중요합니다. 교원을 선
발하는 시험의 교육학 논술에도 자주 출제되는 중요한 영역입니다. '학교'라는
조직에서 학생을 위한 교육활동이 이루어지고 교직원에게는 일터가 됩니다.
교육청과 교육부는 학교를 위해 존재하며, 교육행정과 교육정책 또한 학교에
관하여 그리고 학교를 위하여 이루어집니다. 학교는 중요합니다!

학교조직의 구조와 문화, 조직에서 사람의 행동 등 조직에 대한 이론은 대단
히 범위가 넓은데, 여기에서는 학교조직의 특징을 먼저 살펴보고, 구조, 이론,
문화를 살펴보겠습니다. 앞서 살펴본 교육행정의 이론과 마찬가지로 일반적인
이론을 먼저 확인하고, 교육조직에 적용하여 생각해보기 바랍니다. 그리고 학
교를 기본으로 생각하되, 교육청과 교육부 등 교육행정기관도 함께 고려하면
서 살펴보기 바랍니다.

조직의 일반적인 요소는 달성해야 할 '목표', 해야 할 '과업', 복수의 '구성원'입니다. 학교는 학생들을 교육하기 위하여, 담당 과목과 학년, 업무를 나누어 담당하며, 교원과 직원들이 일하고 있습니다. 학교는 학생을 포함하지만, 학교조직은 주로 교직원을 중심으로 살펴본다는 점을 미리 감안하고 보도록 합니다. 필요할 때 일시적으로 잠시 고객 내지 이용자를 만나는 조직이 아니라 장시간 그리고 장기간 학생과 깊은 관계를 맺는 조직이라는 점에서 **학교조직의 특수성**은 분명합니다.

학교조직의 특징을 살펴봅니다.

첫째, 학교조직은 **교육서비스**를 제공하는 **공공조직**입니다. 학령기 아동과 청소년의 교육을 위해 세금으로 운영되는 조직으로 **공공성**과 **책무성**을 갖습니다. 의무교육과 무상교육이 적용되는 초등학교와 중등학교(고등학교는 무상교육만 해당), 특수학교가 대표적이며, 이와 다른 단계와 대상을 위한 학교, 공공영역 밖에서 운영되는 교육기관은 다소 다른 접근이 필요합니다.

둘째, 학교조직은 **전문적** 성격과 **관료적** 성격을 동시에 갖는 **이중조직**입니다. 학교의 본질적인 업무인 교육에 있어서는 전문적 성격이, 이를 위한 행정과 지원에 있어서는 관료적 성격이 강합니다. 두 가지 업무를 모두 수행하는 교사는 **전문가**와 **관료**라는 이중적 지위를 가지며, 교원이 국가공무원제도로 운영되는 한국에서는 학교조직의 관료성이 큰 편입니다.

셋째, 학교조직은 **수평적** 성격과 **자율성**이 있는 조직입니다. 자격을 갖춘 전문가로 구성된 공공조직으로, 교육에 있어서 기본적으로 동일한 일을 수행합니다. 교육경력과 부장(학교에 따라 교과부장도 있음) 여부에 따라 전문성의 차이는 있을 수 있으나 가르치는 일에 있어서는 동일한 권한과 책임을 가지며, 수업에서 교사의 자율성은 높은 편입니다. 교사 외에 **관리직**으로 교감-교장, **교수**

직으로 수석교사가 상위 자격으로 있는 평평한 조직입니다. 부장교사는 특정한
직무를 담당하는 '보직'으로 '지위'는 아닙니다. 즉 학교의 교원조직은 다수의
교사와 소수의 수석교사, 교감, 교장으로 구성됩니다.

넷째, 학교조직의 **목적**과 **성과**는 명확하지 않습니다. 목표 없는 조직이 있을
까요? 학생의 학업성취가 학교의 성과 아닌가요? 분명한 것은 다른 조직에 비
하여 목표와 성과를 구체적으로 명시하거나 계량화하기 어렵다는 점, 학생의
학습과 성취에 미치는 학교와 교사의 효과인 **학교 효과**(school effect)를 정확하
게 측정하기 어렵다는 점, 학교교육과 학교조직의 궁극적인 성과를 무엇으로
볼 것인가에 대한 논쟁이 있다는 점입니다.

학교교육과 학교조직의 성과는 무엇일까요? 그것은 어떻게 측정할 수 있을까요?

학교조직의 특성을 확인하기 위해, 비슷한 성격의 조직을 유형화하는 **조직유
형론**을 살펴보겠습니다. 학교가 포함된 대표적인 조직유형론에서, 분류 기준과
학교가 속한 조직유형을 주의해보기 바랍니다. 블로(Blau)와 스캇(Scott)은 조
직의 1차적 수혜자를 기준으로 분류할 때 학교는 **봉사조직**에 속한다고 하였고,
카츠(Katz)와 칸(Kahn)은 조직의 기능을 기준으로 분류할 때 학교는 **유지조직**,
대학은 **적응조직**에 속한다고 하였습니다.

에치오니(Etzioni)는 '**순응**(compliance)'이라는 개념에 기초하여 조직이 행사하는 권력,
직원의 조직 관여(involvement)를 기준으로 조직의 유형을 구분하였습니다. 즉 강
제적 권력, 보상적 권력, 규범적 권력, 그리고 소외적 관여, 타산적 관여, 헌신적

관여로 이를 조합하
면 9개 유형이 있는
데, 그 중 **강제조직**
(강제적 권력과 보상
적 관여), **공리조직**
(보상적 권력과 타산

		직원의 조직 관여		
		( )	( )	( )
조직이 행사하는 권력	( )	( )조직		
	( )		( )조직	
	( )			( )조직

적 관여), **규범조직**(규범적 권력과 헌신적 관여)이 지배적으로 나타나는 유형이라
고 설명합니다. 각각 형무소, 회사, 공립학교가 속한다고 보았습니다. 지금은
어떨까요? 사회적 기업과 같은 회사는 공리조직이 아닐 수 있고, 학교 구성원
중에도 이해타산적인 관여를 하는 경우도 있을 수 있겠지요. 살펴본 이론은 19
60년~70년대의 분류로, 변화된 것이 있을 수 있습니다.

		고객의 참여 선택권	
		유	무
조직의 고객 선발권	유	( )조직	
	무		( )조직

칼슨(Carlson)의 **봉사조직** 유형론은 학교조직에 시사하는 바가 큽니다. 자세히 살펴보겠습니다. 봉사조직을 조직의 고객 선발권, 고객의 조직 선택권을 기준으로 네 가지로 분류하
였습니다. 두 가지가 모두 있는 조직을 **야생조직**(wild organization), 모두 없는
조직을 **온상조직** 또는 **사육조직**(domesticated organization) 이라 합니다. 야생조직
은 선택을 하고 선택을 받아야 하므로 경쟁에서 살아남기 위해 질 관리에 힘
쓸 것이고, 온상조직은 경쟁 없이 목표에 안정적으로 집중할 것이라고 봅니다.

온상조직과 야생조직에 해당하는 학교는 무엇일까요? 주소지에 따라 자동배
정되는 초등학교, 대체로 학군별로 배정이 이루어지는 중학교, 일부 학교선택
이 있지만 평준화 지역의 일반고는 전자에, 대체로 선택할 수 있는 유치원, 대
학, 특수목적고, 특성화고, 비평준화 지역의 일반고는 후자에 속합니다. 논란이

있는 단계는 고등학교입니다. 고등학교부터는 수월성이 중요하고 경쟁이 필요하며 다양화해야 한다고 보는 입장이 있고, 고등학교에서도 평등한 교육이 필요하고 분리교육은 부당하다는 입장이 있습니다. 일반고 중에서 선택하는 자율형 사립고는 야생조직을 옹호하는 관점입니다. 학교의 유형을 다양화하는 것도 이와 비슷하게 볼 수 있습니다. 대학 진학에 유리한 학교를 진학하는 것이 학생의 사회경제적 배경과는 어떤 관계가 있을까요?

고등학교가 각각 야생조직과 온상조직으로 운영될 경우, 순기능과 역기능은 무엇일까요?
- 야생조직: (순기능)
          (역기능)
- 온상조직: (순기능)
          (역기능)

학교가 온상조직이라는 점은 균등한 교육기회의 장점이 있지만 변화에는 다소 취약합니다. 공립학교 교원은 학교를 이동하기 때문에 학교에 대한 소속감과 주인의식이 약한 편이고, 학교문화의 지속성이 어렵습니다. 이는 교원 차원의 문제라기보다, 학교가 지역에 뿌리내리기 어려운 취약한 구조임을 알 수 있습니다. 미국은 지역사회에서 학교를 만들고 교사를 초빙하는 **단일 학급 학교**로 출발하였고, 교육위원회로 대표되는 **시민통제**의 문화가 강합니다. 독일은 교원이 처음 임용된 공립학교에서 계속 근무하고, 학교자치의 문화가 발달했습니다. 우리는 1970년대 **고교 평준화 제도**를 도입하면서 학생, 교원, 시설을 평준화할 것을 지향하였고, 공립학교 교사를 순환배치하게 되었습니다. 우리의 학교조직 구조와 운영방식은 역사적인 배경과 문화 속에서 형성되어 왔는데, 사회 변화와 요구에 대응해야 하는 과제 또한 가지고 있습니다.

2   학교조직의 구조

조직은 일정한 체계를 갖는데, 공공조직은 기본적으로 관료제로서 권위의 위계, 분업과 전문화를 특징으로 합니다. 이를 위한 조직의 체계는 **조직도**를 통해 확인할 수 있는데, 조직도에 나타난 조직은 공식조직, 그렇지 않은 조직은 비공식조직이라고 합니다. **공식조직**은 조직의 목표 달성을 위해 과업을 분담한 조직입니다. 기업에서 인사부, 마케팅부, 총무부 등이 그 예입니다. **비공식조직**은 조직의 목표 달성과 직접적인 관계는 없으나 자연스럽게 만들어진 조직입니다. 취미, 학연 등 비공식조직에는 어떤 것이 있을까요?

공식조직을 먼저 살펴보면, 조직도 상에서 상하의 위계로 조직된 부서를 **계선조직**(line organaization), 상하 관계라기보다 지원, 자문, 연구의 기능을 위한 부서를 **참모조직**(staff organization)이라고 합니다. 기업에서 일반적인 조직도와 공식조직의 예를 참고하기 바랍니다.

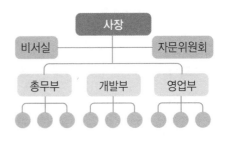

위와 같은 학교의 조직도를 본 적이 있나요? 학교 홈페이지에 조직도를 공개한 학교는 별로 없습니다. 대체로 **업무분장**이라고 표현합니다. 이것은 무엇을 의미할까요? 기업이나 다른 공공조직처럼 위계가 강한 조직이 아니라는 점을 알 수 있습니다. 학교의 본질적 활동인 **교육**은 위계가 있다고 볼 수 없습니다. 위계는 주로 **업무**에서 드러납니다. 교사들은 교과와 학년(담임)에 소속되고, 동시에 업무 부서에 소속되는데, 후자가 주로 계선조직의 성격을 갖습니다. 학교의 업무 수행을 위해 몇 개의 부서를 조직하며, 담당 업무를 분담하여 전문적으로 수행하는 부장교사와 부원교사들로 구성됩니다. 공문의 결재선에 따라 부원, 부장, 교감, 교장으로 올라가는 **계선조직**은 명확한 지시, 보고 체계를 띱니다. 한편, 수직에서 약간 빗겨서 각종 위원회가 위치하는데, 이것은 필요한 경우 지원, 자문, 연구하는 기능을 하는 **참모조직**으로 볼 수 있습니다. 학교에 있는 각종 위원회와 주요 단체, 즉 학교운영위원회, 학부모회, 학생회, 동문회, 인사자문위원회, 급식위원회 등은 직접적인 상하관계에서 벗어나 있는 참모조 직으로 볼 수 있습니다. 교육부 조직을 기준으로 보면, 조직 내부에도 참모조 직이 있지만 외부 기관인 한국교육학술정보원, 국사편찬위원회 등 연구와 정 책 관련 사업을 진행하는 곳도 일종의 참모성격을 갖는다고 볼 수 있습니다. 별도의 조직이므로 보조기관으로 보기도 합니다.

서울특별시교육청의 조직 현황을 살펴봅시다. 교육청 주요업무계획(누리집 탑 재)에 제시한 조직도입니다. 본청의 조직은 교육감과 부교육감 아래 1실3국체제 로 전국에서 가장 크고, 본청 소속으로 교육지원청과 직속기관이 있습니다.

조직도에는 없지만 조직 안에 존재하고 움직이는 조직이 무엇이라고요? 앞 에서 살펴본 교육행정 이론 중 어떤 이론에서 조명했을까요? 학교에서 **비공식 조직**은 등산모임, 축구회, 뮤지컬동호회 등 취미 중심의 모임, 종교 관련 모임, 여교사회 또는 남교사회, 젊은 교사 모임, 발령동기 모임, ○○대학교 동문모 임 등이 있습니다. 이러한 비공식조직은 어떤 목적과 기능이 있을까요? 공식조 직에서는 과업 수행이 중심이고 이를 통한 관계가 1차적이므로 소통이 경직될 수 있지만, 비공식조직에서는 편안하고 자유로운 소통이 가능하고, 친밀감과 소속감이 높아지며, 개인적으로 만족과 사기가 높아질 수 있습니다. 신규교사 가 교장 선생님께 자유롭게 의견이나 생각을 말하기는 쉽지 않지만, 편안한 자 리에서는 용기있게 이야기하고 생산적으로 소통할 수도 있겠지요. 동료교사들 과 취미와 종교를 통해 교류하다가도 결국 학교와 학생 이야기를 하게 되는 법, 이를 통해 조직의 생산성에도 기여할 수 있습니다.

서울특별시교육청 조직 현황(2024)

- 본 청: 1실 3국 9 담당관 14과 2 추진단
- 교육지원청: 11개 청
- 직속 기관: 29개 기관(직속 기관 8개, 평생학습관 4개, 도서관 17개)

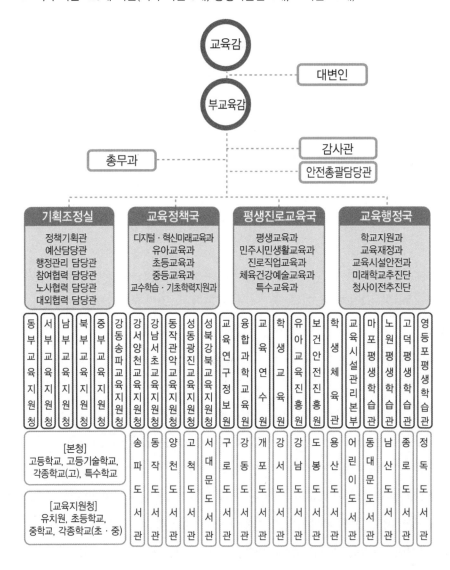

비공식조직은 이런 **순기능**만 있을까요? **역기능**도 있습니다. 어떤 것이 있을까요? 조직 안에서 '끼리끼리', '패거리' 문화가 생길 수 있고, 사사로운 의리와 인정으로 인한 봐주기, 정실인사(情實人事)가 생길 수도 있습니다. 사기 진작을 위해 만들었지만 반대로 사기가 떨어지는 구성원도 나타날 수 있습니다. 비공식조직은 어느 조직이나 자연스럽게 발생합니다. 비공식조직을 어떻게 바라보고 관리할 것인가, 비공식조직에 어떻게 참여하는 것이 슬기로운가 등을 생각해보는 기회가 되기 바랍니다.

관련되는 이슈로, 교사들의 자발적인 공부 모임, 전문적 학습공동체 등은 비공식조직인가? 하는 것입니다. 초등학교에서는 **동학년모임**이 활성화된 편인데 수업시간 외에 모여 담소도 나누고 교육과정과 수업에 대한 이야기를 합니다. 중등학교는 주로 **교과모임**이 활발한 편이고, 주제별로 공통 관심사를 함께 연구하는 모임이 학교 안팎에서 운영되고 있습니다. 최근에는 **전문적 학습공동체, 교사학습공동체**라는 용어로 함께 학습하고 현장에서 실천하는 모임이 운영되고 정책적으로도 중시되고 있습니다.

> 교사들이 함께 연구, 학습하는 동학년모임, 교과연구회, 전문적 학습공동체는 어떤 성격의 조직일까요?

학교조직의 구조를 내부 중심으로 살펴보았습니다. 여기에서도 확인되는 부분이 있는데, 학교는 **교육활동과 이를 지원하는 활동**이 구분되는 조직이라는 점입니다. 교육활동에 있어서는 학년과 학급, 교과를 구분하지만 계선조직으로 볼 수 없습니다. 동등한 위상으로 개별 교육활동이 이루어지는 단위입니다. 눈에 보이는 위계는 교육을 지원하는 활동에서 나타납니다. 그리고 이것은 교사가 하는 교육과 관련된 행정업무와 별도의 전문인력이 수행하는 주로 재정, 시설과 관련된 행정업무, 즉 **교무(教務)**와 **서무(庶務)**로 구분됩니다. 그러나 학생 교육과 관련되지 않은 학교 업무는 없고 교육적 판단이 필요하기에, 교사의 행정업무 수행은 민감한 주제입니다. 행정전담부서를 만들어서 담임을 맡지 않고 수업이 적은 교사들이 행정업무를 전담하도록 하는 경우도 있으며, 교육활동에 적합한 업무부서조직(예컨대 교과부서 조직)을 시도하는 경우도 있습니다. 교무행정과 교사의 복무를 담당하는 교무실, 서무행정과 시설을 담당하는 행정실의 업무 분장이 실제로는 명료하지 않은 경우도 있습니다. 정수기와 공기청정기, 해충과 소방훈련 관련 업무를 어디서 누가 하느냐처럼 새로운 업무들이 생기면 업무 분장의 이슈가 생깁니다. 최근 확대된 초등 돌봄 업무는?

학교에는 많은 일들이 새롭게 생겨나고 있습니다. 교사의 **행정업무**가 과다하여 수업에 집중하지 못하고 소진되는 문제로 인해 '교원업무경감', '학교업무정상화' 정책이 추진되고 있습니다. 기본적인 인력구조 환경 마련과 함께 효과적인 부서조직, 슬기로운 업무 분장, 일하는 방식의 개선이 필요합니다. 관리자의 역할과 리더십, 그리고 구성원의 상호 이해와 소통도 중요합니다.

학교조직의 구조적 특징을 정리해봅니다.

첫째, 학교도 일반 조직과 마찬가지로 목표 달성을 위한 조직 구조를 갖추고 있으며, 위계적인 성격은 다른 조직에 비해 약한 편입니다.

둘째, 교육활동과 이에 대한 행정 및 지원활동이 구분되며, 전자는 전문적 성격이, 후자는 관료적 성격이 강합니다. 따라서 이중 조직의 성격을 가지며, 행정 및 지원활동에 대한 교사의 업무 부담 논란이 있습니다.

셋째, 교육행정은 교무행정과 서무행정으로 구분되며, 전자는 교사가, 후자는 직원이 맡습니다. 교육행정은 교육행정공무원만의 업무가 아니며, 교육과 직접적으로 관련된 행정이 현실에서는 더 많습니다. 학교에 여러 업무들이 추가되면서 인력이 다양화되고 학교의 기능과 역할이 확대되고 있습니다.

3 학교조직을 설명하는 이론과 관점

학교조직을 설명하는 이론에는 무엇이 있을까요? 대표적으로 관료제, 느슨하게 결합된 체제, 조직화된 무정부, 학습조직, 공동체를 살펴보겠습니다.

첫째, '학교는 관료제(bureaucracy)'라는 이론입니다. 2장에서 살펴보았듯이 관료제는 행정조직을 설명하는 대표적인 조직이론으로, 공공조직인 학교에도 적용됩니다. 미국 대도시의 학교는 대부분 19세기 후반부터 관료화되었습니다. 관료제의 순기능은 분명하지만 위계적인 조직인데, 전문가들로 구성된 학교조직에 적합할까요? 경영학자 민츠버그(Mintzberg)는 관료제를 단순구조, 기계적 관료제, 전문적 관료제, 사업부제, 임시조직(adhocracy)으로 설명하였습니다. 통일된 방식으로 조직의 목표를 달성하기 위한 조정기제로 각 조직 유형에 직접 감독, 작업 과정의 표준화, 기술의 표준화, 산출의 표준화, 상호 조정이 있다고 하였습니다. 학교는 어떤 유형에 속할까요? 전문적인 기술과 재량권을 특징으로 하는 조직유형인 전문적 관료제로 볼 수 있습니다. 전문적 관료제는 기술 표준화가 적합하므로 학교에서 표준화된 교육과정이 존재하고 교사 자격증을 요구한다고 볼 수 있습니다. 이 이론은 이중 조직으로서의 학교, 전문적 조직의 성격을 잘 설명하고 있습니다.

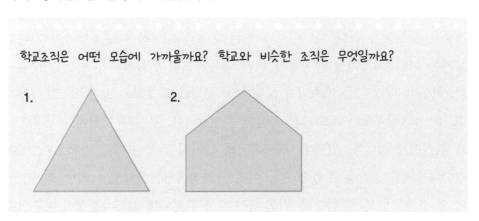

학교조직은 어떤 모습에 가까울까요? 학교와 비슷한 조직은 무엇일까요?

1.

2.

둘째, '학교는 느슨하게 결합된 체제(loosely coupled system)'라고 보는 이론입니다. 와익(Weick)(1976)은 축구경기장을 떠올리면서 조직의 모든 요소들이 촘촘하고 긴밀한 연결을 통해 결합된다는 이미지와 다르게 '느슨하게 묶여 있는 체제'를 제안하였습니다. 서로 연결되지만 각각 정체성과 독립성을 가지고 있는 조직으로 한자어로는 '이완결합체제(弛緩結合體制)'라 합니다. 학교의 교장실과 상담실을 예로 들여보면, 조직도 상에서 상명하복(上命下服)의 관계로 연결되지만 실제로는 어떤 일이 벌어지는지 정확히 들여다 볼 수 없습니다. 전문성으로 인해 독립성과 자율성이 부여된 조직이기 때문입니다. '단단하게 결합된 조직'인 관료제라면 CCTV를 설치해서 관찰하거나 상담일지를 확인하는 관리 방법을 쓰겠지요. 느슨하게 결합된 체제에서는 촘촘한 감독보다는 신뢰의 논리로 경영해야 합니다. 너무 이상적인가요? 전문가들의 수행을 어떻게 접근하는 것이 생산성과 효과성을 높일 수 있는지 생각해볼 필요가 있습니다.

셋째, '학교는 조직화된 무정부(organized anarchy)'라고 보는 이론입니다. 코헨(Cohen) 등(1972)이 제기한 대학조직에 대한 표현으로, 선호의 불확정성, 기술의 불명확성, 참여자의 유동성이라는 특징을 갖습니다. '선호', 즉 명확한 목표나 우선순위에 의해 움직이는 것이 아니라는 점인데, 학교의 목표와 방향에 대한 명확한 합의 없이 다양한 생각을 갖고 움직인다고 보는 것입니다. 학교의 '기술'은 교수학습을 위한 기술인 교수법, 교육방법이라 할 수 있습니다. 기업에서 제품을 생산하기 위해 이루어져야 하는 공정과 비교하면 구조화되어 있다고 보기는 어렵지요. 학생과 상황에 따라 유동적으로 변화시켜야 하는 기술입니다. 학교의 '구성원'은 지속되지 않습니다. 공립학교 교원은 정기적으로 이동하고, 학생과 학부모는 재학기간 동안만 관여합니다. 부서와 모임에도 부분적으로 참여하게 됩니다. 조직에 대한 기존의 합리적 관점에 대한 반론으로, 이완결합체제에도 영감을 주었습니다. 이러한 조직에서는 '우연'에 의한 의사결정이 일어납니다. 문제, 해결책, 기회, 참여자가 뒤섞이면서 의사결정이 이루어지는데, 문제 분석을 통한 해결, 충동적 결정, 지연과 도피 등이 일어납니다. 이러한 우연적 의사결정은 쓰레기들이 우연히 하나의 통 안에 모이는 현상에 비유하여 '쓰레기통 모형(garbage can model)'이라 합니다(Cohen et al., 1972).

넷째, '학교는 학습조직(learning organization)'이라고 보는 이론입니다. 학교는 학생의 학습이 일어나는 곳이니 당연한 교육학 이론일까요? 이것은 경영학에서 제기되었습니다. 1990년 피터 센게(Peter Senge)는 『제5원리(Fifth discipline)』를 통해 회사가 학습하는 조직이 되어야 생산성이 높아진다고 주장하였습니다. 회사 구성원의 학습이 기업 성장의 새로운 돌파구가 될 것이라고 보았습니다. 학습조직을 구축하는 원리로 개인적 숙련, 공유 비전, 정신 모델, 팀 학습, 시스템 사고를 제시하였습니다. 세상을 하나의 복잡한 시스템으로 보면서 인과관계로 구성된 시스템에 내재된 구조적 변화와 메커니즘을 이해하는 시스템사고가 학습조직의 근간입니다. 이에 자극을 받아 '학교도 학습조직이 되어야 한다, 교사의 학습이 중요하다'는 생각을 가져왔습니다. 센게는 교육자들과 함께 『학습하는 학교(Schools that learn)』(2012)를 발간하였고, 조직은 구성원이 생각하고 상호작용한 결과물, 학습은 연결, 비전이 이끄는 학습 등을 학습조직의 핵심 개념으로 제시하였습니다. 학생의 학습을 위해 교사의 학습 활성화는 효과적이며 전문가 교사 집단의 책무이기도 하므로, '학습조직으로서의 학교'는 자연스럽게 받아들여지고 있습니다. 예측할 수 없는 복잡한 형태로 세상을 바라보며 사회 현상을 역동적이고 적응하는 요인들의 상호작용을 통해 작동하는 하나의 시스템으로 이해하는 복잡계(complex system)로 보는 관점도 이와 연결되는데, '복잡계로서의 학교'도 그 의미를 유추할 수 있을 것입니다.

다섯째, '학교는 공동체(community)'라고 보는 이론입니다. 기존의 이론들은 학교를 '조직'으로 보았습니다. 조직과 공동체는 완전히 다른 패러다임입니다. 어느 단어가 친밀성, 끈끈함, 유대감에 가까운가요? 공동체인가요? 민주적 공동체로서의 학교를 주창한 듀이(Dewey), 사회과정으로서의 교육행정을 제시한 게젤스 등 수많은 학자들이 공동체로서의 학교를 제안했으며, 서지오바니(Sergiovanni)가 학교 공동체의 개념과 논의를 체계화하였습니다. 그동안 학교를 관료적 조직, 전문적 조직 등 조직의 은유로 보았으나, 교육과 돌봄이라는 학교의 본질적인 기능에 비추어볼 때 학생의 개별성 및 타자와의 관계성 존중 등 학교에 대한 공동체적 접근이 필요하다고 본 것입니다. 계약적 관계, 외적 통제가 강조되는 것이 아니라 규범, 목적, 가치, 협동, 유대감, 헌신 등이 중요한 통제 기제가 됩니다. 공동체는 이상(理想)을 공유하며, '구조는 느슨하게 문화는 강하게' 즉 문화가 중요합니다. 교사의 전문성 신장에 초점을 두어 전문적 학습공동체(professional learning community)로서 학교를 보는 관점도 이에 속합니다. 사토 마나부(佐藤 学)가 주창한 배움의 공동체로서의 학교는 공공성과 민주주의를 철학으로 하며, 2000년대 말부터 한국의 혁신학교 운동에도 영향을 주었습니다. 교육과 학습이 이루어지는 곳을 공동체, 학교공동체, 교육공동체, 마을교육공동체라 할 때, 이러한 공동체 관점이 기반입니다.

이상의 이론들은 현실을 잘 보여주는 실제적 이론과 지향을 잘 보여주는 규범적 이론으로 구분할 수 있습니다. 특히 학습조직과 공동체는 후자에 해당할 것 같습니다. 또한 학교는 어느 한 측면만 가지고 있다기 보다 복합적인 성격을 띤다고 할 수 있으나, 가장 대표적인 모습은 가지고 있을 것입니다.

학교조직을 설명하는 이론에 더하여, 학교에 대한 관점(학교관)을 살펴보겠습니다. 진동섭(2022)은 학교관을 공장, 삶의 터전, 시장, 정치의 장으로 유형화하였습니다. 각각 교사가 학생들의 미래를 위해서 가르치는 곳, 학생과 교사가 일정한 시간 동안 살아가는 공간, 교사와 학생이 교육 서비스를 사고 파는 곳으로 보는 관점, 교육에 대한 이해관계를 다투고 협상하고 조정하는 장소로 보는 관점입니다. 공장의 다소 삭막한 이미지와 미래 준비의 연결이 다소 의아하게 보일 수도 있는데, 미래를 위해 현재를 유예한다는 의미로 생각됩니다. 그는 '삶의 터전으로서의 학교관'을 지지합니다.

경제학자 김희삼은 교육사회학자 오욱환의 분류에 근거하여, 사활을 건 전장(높은 등수를 차지하는 치열한 경쟁이 일어나는 곳), 거래하는 시장(교육서비스의 공급자와 수요자 간 교환이 일어나는 곳), 함께 하는 광장(공동체에서 상호이해와 협동심을 체득하는 곳) 중에서 고등학교는 어떤 곳이었는지 한국, 중국, 일본, 미국의 대학생들을 대상으로 2017년에 조사하였습니다. 한국의 고등학생들은 무엇이라는 응답이 가장 많았을까요? 매우 높은 빈도로 떠올린 것은 '전쟁터'였습니다.

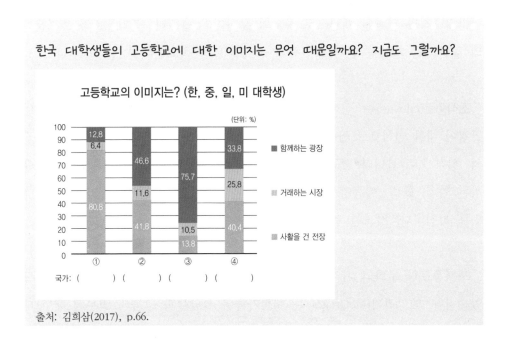

출처: 김희삼(2017), p.66.

초등학교를 회상하면 무엇을 떠올릴까요? 중국, 일본, 미국의 대학생들은 어떤 응답이 많았을까요? 앞의 그림 중 왼쪽부터 차례대로 한국, 중국, 일본, 미국의 조사 결과라고 합니다. 학교조직 그 자체에 대한 분석이라기 보다는 학교의 역할과 기능, 본질에 대한 이미지라고 볼 수 있는데, 이러한 학교 이미지는 학교에 대한 사람들의 생각과 경험을 반영하고 있습니다.

현재의 학교조직을 가장 잘 설명한다고 생각되는 이론과 그 이유는 무엇인가요?

4 학교조직의 문화와 풍토

학교조직과 관련된 개념으로 풍토와 문화가 있습니다. 조직풍토와 조직문화의 일반적인 개념을 먼저 확인하고, 학교풍토와 학교문화를 살펴봅시다.

조직풍토(climate)는 심리학적 개념으로 조직의 분위기, 즉 조직의 총체적인 환경에 대한 인식으로 공유된 지각을 강조합니다. 조직의 내적 특성으로, 조직의 '성격'으로 봅니다. 조직문화는 사회학과 인류학적 개념으로 구성원이 공유하는 가치, 규범, 행동양식을 의미하며, 문화의 심층에서 표층까지 다양한 층위를 가집니다. 정교한 측정보다는 정성적인 기술로 묘사되는 편입니다.

조직풍토와 문화의 기저에는 기본적인 가정, 즉 인간에 대한 관점(인간관)도 있습니다. 맥그리거(McGregor)는 행정가들이 사람들과 그들의 업무에 대한 태도에 대해 가지고 있는 두가지 상충되는 가정을 설명하였습니다. X이론은 사람들이 게으르고 할 수만 있다면 일을 피하려고 한다는 믿음이고, Y이론은 사람들이 책임감을 추구하고 만족스러운 업무 수행을 하려고 한다는 믿음입니다. 두 이론은 각각 교육행정의 이론에서 소개한 특정한 관리 방식과 연결됩니다. Z이론도 있을까요? 한편, 아지리스(Argyris)는 교사와 같은 전문가는 성숙한 인간으로 취급받고 싶어하나 관료제에서는 미성숙한 인간으로 취급받기 때문에 공격적이 되거나 냉담한 반응을 가져와 조직 효과성이 저하되므로, 이들을 성숙한 인간으로 바라보고 그러한 문화풍토를 조성해야 한다고 주장합니다. 이는 학생을 바라보는 관점에도 동일하게 적용할 수 있겠습니다. 학생은 무언가 '하려는 존재'인가요, '하지 않으려는 존재'인가요?

학교문화를 가시적으로 보여주는 것을 인공물(artifacts)이라 하며, 각종 의례와 의식, 특별한 이야기(story) 등이 있습니다. 무엇이 있을까요? 체육대회와 축제, 세족식 등 학교에서 운영하는 특별한 행사, 개교 이래 무감독시험 전통을 고수하는 고등학교(인천 제물포고), 평생 모은 돈을 기부한 분의 법명을 따서 건물의 이름을 지은 대학(충남대 정심화홀) 등은 이러한 학교문화의 단면을 보여줍니다. 학교만의 고유한 문화를 형성하기 위해서는 특별한 노력과 전략이 필요합니다.

내가 다녔던 학교의 분위기와 문화는 어떠했나요? 기억나는 행사와 유명한 이야기는?

학교문화는 학교 전체의 문화이며 교사문화, 직원문화, 학생문화 등 하위문화를 가집니다. 대표적인 교사문화 연구로 미국의 사회학자 로티(Lortie)(1975)는 보수주의, 개인주의, 현재주의를 제시한 바 있습니다. '세포'와 같은 여러 개의 자족적인 교실로 구성된 달걀상자 모델의 학교가 오래 지속되었습니다. 교사들 간의 분리와 낮은 상호의존성은 독립성과 고립성을 가져오고, 변화 지향성보다 안정성이 강하며, 불명확한 성과 대신 일상적인 활동에 집중하게 되는 문화를 만들었습니다. 한국은 여기에 관료주의, 형식주의 등이 추가로 거론되며, 교사의 학교급과 교직경력에 따라 문화 인식과 지향은 차이를 보입니다(박수

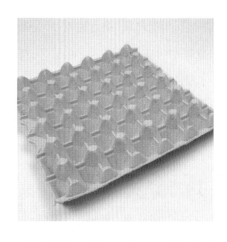

정, 2024a). 과거와 변화는 없을까요? 교실로 비유된 세포는 '기관' 안에서 생존할 수 있고 다른 세포와의 '상호작용'은 필수적이며 질적 성장을 가능케 한다고 합니다.

학교조직문화는 학교문화에 속하며, 학교조직의 목표 달성을 위해 일하는 교직원의 문화에 초점을 두어 조직적 관점에서의 문화 연구라 볼 수 있습니다. 학교문화와 학교조직문화가 완전히 구분되지 않고, 교육의 대상에 따라 문화도 달라지므로 학생과 완전히 분리해서 보기도 어렵지만, 개념적으로 구분해볼 필요는 있습니다. 특히 학교조직의 개선을 위해 조직 차원의 문화적 요인, 즉 가치 공유, 신뢰, 협력, 자율성, 민주성, 헌신, 책임 등이 주목되고 있습니다. 우리나라에서 학교조직문화 연구는 주로 학교조직의 효과와 관련하여 연구되고 있습니다. 교수학습과 직접적인 관련이 있는 수업문화에 대해서도 관심을 가지고 교육행정의 역할을 확인할 필요가 있습니다. 전문적 학습공동체가 주목받는 것은 교육에 집중하고 이를 위해 협력하는 학교문화를 기대하기 때문입니다. 교직문화를 새롭게 조성하는 재문화화(reculturing)는 학교 변화에 있어서 중요한 요소이기 때문에(Lortie, 1975), 문화에 대한 이해와 적극적인 전략이 필요합니다.

학교문화와 풍토의 유형을 분류한 연구들을 살펴볼까요? 할핀(Halpin)(1966)은 개방성과 폐쇄성의 연속선에 있는 6개 풍토를 제시하고, 개방적인 풍토가 변화에 도움이 된다고 하였습니다. 오웬스(Owens)와 스타인호프(Steinhoff)(1989)는 미국 초·중고등학교의 교장, 교감을 조사하여, 학교문화의 유형을 가족문화, 기계문화, 공연문화, 공포문화로 분류하였습니다. 인간에 대한 관심과 성과에 대한 관심을 기준으로 냉담문화, 보호문화, 실적문화, 통합문화로 구분한 연구도 있습니다. 학교풍토는 교사의 행동과 교장의 행동이 개방적인가 폐쇄적인가에 따라 폐쇄풍토, 몰입풍토, 일탈풍토, 개방풍토로, 학교의 학생통제방식에 따라 인간주의적 학교, 보호주의적 학교로 구분한 연구가 있었습니다. 오늘날 학교의 문화에 대한 연구는 하위문화와 구체적인 상황에 관련된 문화에 대해 주로 질적으로 연구되고 있으며, 학교풍토 연구는 다소 주춤한 편입니다.

학교조직의 풍토와 문화는 학교 구성원으로부터 표출되는 것이며 또한 구성원의 행동과 생활에 영향을 미칩니다. 한국의 학교문화와 풍토에 대해 이해할 수 있는 생생한 연구들을 기대합니다. 그리고 확장되는 학교의 기능과 역할을 설명하고 방향을 제시할 수 있는 이론도 필요합니다.

"한국의 맥락에서 살펴보면, 극복해야 할 교직문화로 형식주의, 보수주의, 고립주의, 평균주의, 관료주의, 권위주의 등을 꼽을 수 있다. 중요하지 않다고 생각하는 일 혹은 급한 일을 형식만 갖추거나 하는 시늉만 하는 형식주의, 변화하는 환경과 요구에 둔감하거나 저항하는 보수주의, 나만의 성에 갇혀 있으려는 고립주의, 잘하려는 사람과 튀는 사람을 평균치에 수렴하도록 만드는 평균주의, 관료제의 풍토 속에서 위계적 문화를 고수하는 관료주의와 권위주의가 그것이다. 누가 이런 문화를 만들고 유지하는가? 학교를 어렵게 만드는 외부의 영향력도 있지만, 이러한 문화는 오랫동안 내적으로 강화, 재생산되어 왔다.

이렇게 부정적인 측면만 있을까? 새로운 문화는 나타나고 있으며, 이것은 결국 '사람'에 의해서 창조된다. 권위적이지 않고 민주적인 교장, 변화를 의미있게 이끌어가는 교장이 있으며, 나만의 성(城)과 평균에 머물지 않고 적극적으로 도전하는 교사, 새로운 변화를 만들어가는 교사도 있다. 원하지 않은 고립을 탈피하여 수업을 공개하고, 수업 나눔을 하고, 공동으로 수업 연구와 실행을 하는 교사들도 있다. 긍정적인 교직 사회와 문화는 새롭게 교사가 되는 젊은이들의 어깨에도 달려있다."

박수정(2024). 교직의 이해. 박수정 외. 교사론과 교직실무. 박영스토리. pp.17~18.

참고하기

학교조직 진단도구

학교조직의 진단 영역과 학교운영구조, 교사문화 등의 주요 내용을 확인할 수 있음.

영역	하위 요소	문항	세부 내용
학교 운영 구조	교육 목표	01	우리 학교의 교직원들은 학교의 비전과 목표를 공유하고 있다.
		02	우리 학교의 교육활동에는 학교의 비전과 목표가 잘 반영되어 있다.
	업무 분장	03	교무분장은 교수학습 지원을 위해 적절하게 짜여 있다.
		04	교무분장은 교직원의 의견을 수렴하여 협의와 합의에 의해 구성되어 있다.
	권한/ 자원배분	05	교육과정 운영에 필요한 자율성이 적절하게 보장되어 있다.
		06	우리 학교는 예산의 배분이 적절하게 이루어지고 있다.
	의사 결정	07	교직원 모두가 학교의 주요 의사결정 과정에 민주적으로 참여하고 있다.
		08	학교의 주요 의사결정 내용이 교직원들에게 충분히 공유되고 있다.
	인사 공정성	09	학교 내 평가 과정(근무평정, 다면평가, 포상추천 등)이 공정하게 이루어지고 있다.
		10	교직원들은 본인의 업무와 노력에 따라 공정하게 대우받고 있다.
리더십 및 행정 지원	교장 지도성	11	교장은 학교 발전에 대한 분명한 비전을 가지고 있다.
		12	교장은 외부압력(교육청, 학부모)으로부터 교사들을 최대한 보호한다.
		13	교장은 교사들이 전문성 향상에 힘쓰도록 지원한다.
		14	교장은 민주적으로 의사결정을 하는 편이다.
		15	교장은 구성원 간의 갈등을 대화와 타협으로 해결하기 위해 노력한다.
		16	교장은 교직원, 학생, 학부모와의 협력과 소통을 중시하며 학교공동체 문화 증진을 위해 노력한다.
	직원 역량	17	행정직원은 사무 처리를 원활하게 한다.
		18	교무보조인력은 교사의 업무를 적절히 지원하고 있다.
	학교 개선 관리	19	학교 자체평가 시스템은 학교 개선에 도움이 되는 방향으로 운영되고 있다.
		20	교육과정 운영의 다양한 결과물을 분석하여 학교 개선에 활용하고 있다.
학생의 교육적 성장	학습 동기	21	학생들은 교과에 대한 흥미가 높다.
		22	학생들은 수업활동에 적극적으로 참여한다.
	자기주도 학습	23	학생들은 공부할 때 내용이 어렵더라도 끈기 있게 공부한다.
		24	학생들은 스스로 학습계획을 세우고 실천한다.
	진로 의식	25	학생들은 장래 직업에 대한 구체적인 꿈이 있다.
		26	학생들은 장래 희망을 이루기 위해 노력한다.
	민주시민 의식	27	학생들은 학생회 운영을 통해 자율적으로 생활 규범을 정하여 실천하고 있다.
		28	학생들은 동아리활동, 봉사활동에 적극적으로 참여한다.

영역	하위 요소	문항	세부 내용
교육 활동	학업성취	29	학생들의 전인적인 성장과 발달이 도모되고 있다.
		30	학생들의 사고력과 문제해결력이 향상되고 있다.
	교육과정	31	우리 학교의 교육과정은 학교교육목표와 학생의 필요를 고려하여 편성되어 있다.
		32	우리 학교는 전시성 행사나 실적위주의 교육을 지양하고 교육과정이 정상적으로 운영될 수 있도록 노력한다.
	수업의 질	33	우리 학교는 학생의 능력과 특성을 고려하여 수업을 운영하고 있다.
		34	우리 학교는 수업 시간에 다양한 교수-학습 방법이 활용되고 있다.
	수업 개선	35	우리 학교는 수업 시간에 교사와 학생, 학생과 학생 간 활발한 상호작용이 일어난다.
		36	우리 학교는 과정 중심 평가를 하고 있으며, 학생의 평가 결과에 따른 피드백을 제공하고 있다.
		37	우리 학교는 교사들이 교사학습공동체에 자발적이고 적극적으로 참여하여 활동하고 있다.
		38	우리 학교는 수업공개, 수업나눔(협의회) 등이 활발히 이루어지고 있다.
	교사 효능감	39	나는 교과 내용에 따라 적절하게 교육과정을 재구성할 수 있다.
		40	나는 문제 행동을 보이는 학생들을 잘 지도할 수 있다.
교사 문화	협력	41	우리 학교는 학교교육활동과 업무에 관하여 동료교사들의 도움을 쉽게 받을 수 있다.
		42	우리 학교는 교육과정을 운영함에 있어 협력이 잘 이루어지는 편이다.
	헌신	43	나는 학교가 성공적인 학교가 되도록 노력하고 있다.
		44	나는 학교를 위해 개인적인 일을 다소 희생할 수 있다.
	사기	45	우리 학교 교사들은 자신감이 높고 다양한 교육활동을 적극적으로 실천한다.
		46	우리 학교 교사들은 학교에 자부심을 갖고 있다.
	혁신	47	우리 학교는 교사들의 새로운 생각과 제안을 학교운영과 교육활동에 적극 반영한다.
		48	우리 학교는 새로운 방식, 아이디어, 교육활동을 기꺼이 받아들이는 분위기이다.
	신뢰	49	우리 학교는 직무수행상 부족한 점을 보여도 괜찮은 분위기이다.
		50	우리 학교는 학교에서 일어나는 갈등을 존중과 배려로 해결하는 분위기이다.
학부모, 지역 사회 등 환경	학부모 참여	51	학생에 대한 학부모의 교육적 지원(격려, 공부 분위기 조성 등)이 잘 이루어지고 있다.
		52	학부모의 학교 참여가 활발하다.
		53	학부모의 학교 참여가 학생성장과 학교발전에 긍정적으로 작용하고 있다.
	지역 사회 협력	54	학교에 대한 지역사회(공공기관, 민간기업 등)의 지원이 잘 이루어지고 있다.
		55	학교 밖의 다양한 전문가들을 학교교육활동에 적극 활용하고 있다.
		56	우리 학교와 지역사회는 마을교육 공동체를 형성하고 있다.
	시설	57	우리 학교는 교실환경(냉난방, 책걸상, 사물함 등)이 쾌적하다.
		58	우리 학교는 교육과정 재구성, 배움중심 수업을 위한 적절한 교육환경을 갖추고 있다.
	안전	59	우리 학교는 괴롭힘이나 따돌림이 없다.
		60	우리 학교는 학교 안과 밖 모두에서 학생 돌봄이 실천되고 있다.

출처: 박수정, 이승호, 박세준(2018). 학교혁신을 위한 학교조직 진단도구 개발 연구. 교육행정학연구, 36(4). 205-234.

더 찾아보기

권희청(2024). 학교조직과 업무분장. 박수정 외. 교사론과 교직실무. 박영스토리.
학교조직과 부서, 위원회 등을 확인할 수 있음.

박수정(2021). 학교제도, 새로운 상상이 필요하다. 박수정 외, 오늘의 교육 내일의 교육정
    책. 학지사.
한국 학교의 오래된 문법, 새로운 구상과 지향을 확인할 수 있음.

박수정(2024). 교직의 이해. 박수정 외. 교사론과 교직실무. 박영스토리.
교직의 특성과 문화 등을 확인할 수 있음.

권순형, 안병훈, 문영빛, 정창권(2022). 교육행정 및 교육경영. 창지사.
교육정책과 시스템사고에 대해 본격적으로 소개함.

Sergiovanni, T. J. (1999). *Building community in schools*. John Wiley &
    Sons. 주철안 역(2004). 학교공동체 만들기: 배움과 돌봄을 위한 도전. 에듀케어.
학교공동체에 대한 개념과 지향, 주요 특징을 소개함.

Lortie, D. C. (1975). *Schoolteacher: A Sociological Study*. The University
    of Chicago Press.
교사와 교직의 특성과 문화에 대한 사회학적 접근의 분석적인 연구결과를 소개함.

01 내가 졸업한 고등학교의 홈페이지에서 조직도 혹은 부서를 확인해 보세요. 학교의 공식조직은 무엇이 있는지 정리하고 그 특징을 제시해 보세요.

교무실:

행정실:

위원회:

특징:

02 관심있는 학교급의 교직원 3인 이상을 면담하여, 1) 학교는 어떠한 조직인지 2) 학교는 어떤 조직이 되어야 하는지 분석해 보세요.

03 '좋은 학교'로 선정되거나 유명한 학교 사례를 찾아보고, 좋은 학교의 조직 구조와 문화는 어떤 특징을 가지는지 분석해 보세요.

04 고등학교와 대학교의 '학생문화'는 어떻게 다른가요? 이러한 학교의 문화는 학습자에게 어떤 영향을 미칠지 의견을 제시해 보세요.

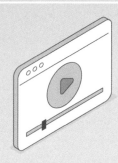

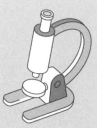

Chapter

04

교육리더십

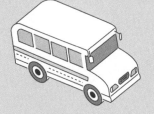

교/육/행/정/입/문

Chapter **04**

교육리더십

1 리더십과 교육

'리더십'이 있다는 말을 학창시절 들어 보았거나 들었던 친구가 있나요?
리더십을 발휘하는 '리더'가 주위에 있나요?

조직 구조와 문화에 이어, 조직 행동(organizational behavior)으로 가장 대표적인 리더십을 살펴보고자 합니다. 일상적으로 널리 사용되는 용어 리더십은 교육행정에서 중요한 이슈입니다. 리더십은 대표적인 조직 행동이며, 행정과 경영의 적극적인 형태를 의미하기도 합니다. 리더십을 지도성, 지도력으로 번역하였지만 최근 널리 사용되면서 그대로 쓰는 편입니다. "리더십이 있다", "리더십을 발휘한다"는 표현은 직장이나 사회생활 외에 학생들에게도 사용하기도 합니다. 리더십은 무엇일까요? 어떤 사람을 리더십이 있다고 할까요?

'리더십이 있는 사람'을 떠올리고, 그의 특징을 다섯 가지 이상 적어보세요.

리더십(leadership)은 **리더**(leader)의 자질(ship)로 **팔로워**(follower)를 전제로 합니다. '리더가 팔로워에게 미치는 영향력'으로 간단히 리더십을 정의할 수 있습니다. 최근에는 SNS에서 사용되는 '팔로우'의 용례 때문에 '친구'라는 이미지도 있지만, 리더십에서는 리더와 팔로워의 권력이 불균등하다는 것을 전제로 합니다. 추종자로 번역하기도 하지만 적당한 번역어가 없어 팔로워라고 하는데, 리더의 영향력 하에 있는 모든 이를 지칭하며, 여기에서는 조직 구성원이라 하겠습니다. 리더십 개념에 대응하여 **팔로워십**(followership) 개념도 있습니다. 팔로워십은 리더십에 대응하고 상호작용할 뿐만 아니라, 리더십을 개발하고 승계할 수 있으며, 나아가 비판적 관점과 능동적 참여로 리더십의 대안이 될 수도 있습니다(주현준, 2023).

리더십에서 반드시 필요한 키워드는 무엇일까요? 바로 '**변화**'입니다. 단순한 조직 관리, 현상 유지는 리더십이라 하지 않습니다. 조직의 **목표** 달성, 더 나은 조직, 바람직한 변화를 만드는 조직과 개인에 대해 리더십이라 합니다. 적극적인 의미의 리더십으로 '경영'을 대체하자는 제안이 경영학 분야에서 있습니다.

교육리더십은 교육조직에서의 리더십을 뜻합니다. 교육행정에서 리더십을 발휘해야 할 사람은 누구일까요? 누구에게 리더십을 발휘할까요? 어떠한 과업에서 리더십이 필요할까요? 교육조직에서 리더십이 반드시 필요한 사람은 학교장입니다. 교육에서 리더십은 곧 **학교장**을 의미하고, 오랫동안 **교장 리더십**을 중심으로 연구되어 왔습니다. 그러나 리더십은 교감과 수석교사, 부장교사 등 영향력을 발휘할 대상이 있는 모든 이들에게 요구되며, **교사** 또한 리더십이 필요합니다. 교사에게 왜 그리고 누구를 대상으로 리더십이 필요한 걸까요? 교장을 중심으로 리더십을 적용하지만, '교육에서 리더십이 필요한 모든 이'를 떠올리면서 살펴보기 바랍니다.

'교장 선생님에 따라 학교가 달라진다'는 말에 동의하나요? 왜 그럴까요?

　조직에서 리더십을 발휘해야 할 **지위**(position)에 있는 모든 사람에게 리더십이 필요합니다. 그러나 지위에 있다고 해서 모두 리더십이 있는 것은 아닙니다. 공식적인 지위가 있으면서 리더십도 가지고 있다면 가장 이상적이겠지요? 교장, 교감이라는 지위와 함께 리더십을 갖추고 있다면 더욱 효과적일 것입니다. 지위가 없어도 리더십을 발휘하는 경우도 있습니다. 수석교사나 연구부장이 아니어도 교사들의 수업과 평가에 도움을 주는 교사가 있습니다. 조직에는 **공식적 리더**와 **비공식적 리더**가 동시에 존재하며, 이 둘은 같을 수도 있고 다를 수도 있습니다. 리더십은 도처에 있습니다!

2 　리더십 이론의 전개

　리더십은 경영학과 심리학에서 주로 발전하였고, 최근에는 교육에 고유한 리더십 이론들이 등장하기 시작했습니다. 앞에서 교육행정과 학교조직의 이론에서도 상기했듯이, 모든 조직에 공통적인 리더십 이론과 개념도 알 필요가 있고, 이것이 학교에 어떻게 적용되는가를 항상 생각하면서 살펴보도록 합니다.

　리더십 이론의 발달과정과 주요 이론의 핵심을 살펴보겠습니다.

리더십 이론의 흐름

- **특성론**: 훌륭한 리더는 어떤 특성을 가졌을까?
- **행동론**: 어떤 리더십 행동이 효과적일까?
- **상황론**: 어떤 상황에서 어떤 리더십 행동이 효과적일까?
- **다원론**: 변혁적 리더십, 감성 리더십, 도덕적 리더십, 서번트 리더십 등
- **교육리더십**: 수업 리더십, 분산적 리더십, 사회정의 리더십, 중간 리더십, 지속가능한 리더십 등

리더십 특성론은 리더의 **특성**에 초점을 둡니다. 훌륭한 리더는 어떤 특성을 가졌을까? 여기에 관심을 가진 연구들이 리더십 연구의 출발이었습니다. 예를 들면 외모에서부터 화술, 추진력, 희생정신, 솔선수범 등 수많은 능력들이 거론됩니다. 그런데 이런 특성들을 갖추면 누구나 리더십을 갖게 될까요? 효과적인 리더십 특성에 대한 생각은 모두 같을까요? 앞에서 떠올린 리더십이 있는 사람의 특징을 다른 사람과 비교해 봅시다. 또한 이런 특성들을 모두 갖추기도 어렵거니와 모두 갖춘다고 해서 리더십을 발휘한다고 보장하기 어렵지요. 또한 노력해서 갖출 수 없는 특성도 있습니다. 이에 뒤이어 등장하는 이론은 '노력하면 되는 행동'에 관심을 두게 됩니다.

리더십 행동론은 리더의 효과적인 **행동**에 초점을 둡니다. 어떤 리더십 행동이 효과적일까? 대표적인 것이 과업 중심 행동, 인간 중심 행동입니다. **과업 중심 리더십**(task-oriented leadership)은 목표 중심 리더십으로도 불리며, 달성해야 할 목표와 과업에 중심을 두는 행동을 보이는 리더십입니다. **인간 중심 리더십**(human-oriented leadership)은 관계 중심 리더십으로도 불리며, 팔로워와의 관계, 사기, 만족에 초점을 두는 행동을 보이는 리더십입니다. 후술할 허시(Hersey)와 블랜차드(Blanchard)는 **과업 행동**을 리더가 '책임과 의무'를 상세히 설명하는 것으로, 무엇을 어떻게 언제 어디에서 누가 할 것인지 말해주는 것이며, **관계 행동**을 리더가 '의사소통'에 집중하는 것으로, 경청하고 촉진하고 이유를 설명하면서 지원을 제공하는 것이라 하였습니다. 앞에서 살펴본 이론과 인

간관 중에서 어떤 것과 연결되나요?

대표적인 연구는 아이오와 대학, 오하이오 주립대학, 미시간 대학 등에서 이루어졌습니다. **과업 중심 리더십**은 전제적, 구조성, 직무 중심, 생산에 대한 관심 등으로, **인간 중심 리더십**은 민주적, 배려성, 종업원 중심, 인간에 대한 관심 등으로 표현되었습니다. 처음에는 두 행동을 연속선상에 두고 연구하였고, 주로 인간 중심 리더십이 효과적이라고 분석하였습니다. 권위적인 리더십보다 민주적인 리더십이 효과적이라고 보았던 것이지요. 그 다음에는 이 두 가지 행동을 모두 갖추면 효과적이라는 생각을 하게 되었습니다. 과연 그럴까요? 또 이런 생각을 하게 되었습니다. 리더의 효과적인 행동은 모든 상황에서 동일할까? 이제 '상황에 적합한 리더십 행동'에 초점을 두는 이론이 등장하게 됩니다.

레딘(Reddin)의 **3차원 리더십 모델**은 동일한 리더십이 효과적으로 혹은 비효과적으로 나타날 수 있다는 것을 보여줍니다. 다음 그림에서 가운데는 기본 유형이며, 위는 그것이 효과적인 상황에서, 아래는 그것이 비효과적인 상황에서 어떠한 모습으로 나타날지 보여줍니다. 과업 행동과 관계 행동이 모두 높은 통

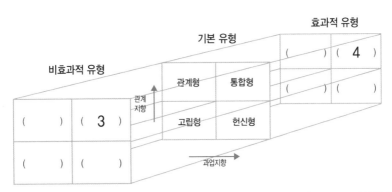

레딘의 3차원 리더십 모델

1. 선동자   2. 타협자
3. 직무유기자 4. 독재자

1. 관료   2. 자선적 전제자
3. 개발자 4. 경영자

합형은 항상 효과적일까요? 비효과적일 수도 있다는 것입니다. 그림의 빈칸에 번호를 적절하게 연결해 보세요!

리더십 상황론은 상황에 맞는 리더의 효과적인 행동에 초점을 둡니다. 어떤 상황에서 어떤 리더십 행동이 효과적일까? 피들러(Fiedler)의 상황이론(contingency theory)이 출발점이 되었습니다. 피들러는 상황의 호의성에 따른 효과적인 리더십 유형을 연구하였습니다. 상황을 구성하는 요인을 **리더의 지위권력**, **과업 구조**, **구성원과의 관계**로 보고, 그 조합에 따른 여덟 가지 상황을 제시하였습니다. 그리고 이 상황에 효과적인 리더십 행동을 연구하였는데, 상황이 호의적이거나 호의적이지 않은 상황에는 과업 중심 리더십이, 상황이 보통일 때는 인간 중심 리더십이 효과적이라고 분석하였습니다. 어떤가요? 승승장구하는 학교는 더 잘 하도록, 어려운 상황의 학교는 어려움을 타개하기 위해 목표와 과업이 집중할 필요가 있습니다. 상황이 좋지도 나쁘지도 않은 중간 수준의 학교는 관계를 잘 관리하는 것이 효과적일 수 있겠지요. 간단하지만 재미있는 이론입니다. 가장 선호하지 않는 동료(least-preffered coworker)를 낮게 평정한 경우 과업 중심, 높게 평정한 경우 관계 중심으로 본 점도 흥미롭습니다.

피들러의 상황이론

상황	호의적		중간				비호의적	
범주	1	2	3	4	5	6	7	8
리더-구성원 관계	좋음	좋음	좋음	좋음	나쁨	나쁨	나쁨	나쁨
과업 구조	높음	높음	낮음	낮음	높음	높음	낮음	낮음
리더 지위권력	강함	약함	강함	약함	강함	약함	강함	약함

구성원의 준비도에 따른 리더십 유형을 연구한 허시(Hersey)와 블랜차드 (Blanchard)의 **상황적 리더십 이론**(초기에는 생애주기 리더십 이론)을 살펴봅시다. **구성원의 준비도**(초기에는 구성원의 성숙도)가 상황 요인으로 구성원의 능력과 자발성을 조합하여 네 유형으로 구분하였습니다. 이에 대응하는 효과적인 리더십 행동은 과업 행동과 관계 행동을 조합하여 **위임**(delegating)-**참여**(participating)-**설득** (selling)-**지시**(telling)로 제시하였습니다. 상황에 대한 행동이 그럴듯한가요? 자발성은 높지만 능력은 아직 부족한 신임교사, 자발성과 능력이 모두 높은 교사에게 어떤 리더십을 발휘하는 것이 좋을지 참고할 수 있겠습니다. 여기에서 상황은 '사람'이 기준이라기보다 '과제'에 따른 것이라고 이해할 필요가 있습니다. 동일한 사람이라 하더라도 특정 과제나 사안에 대해 준비도는 다를 수 있습니다. 단, 리더십 상황론은 여전히 '행동론'에 입각한 이론입니다.

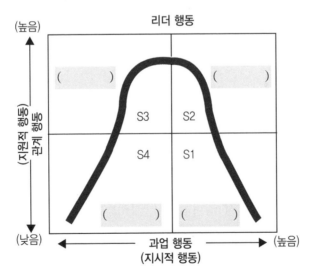

허시와 블랜차드의 상황적 리더십 이론

구성원 준비도

높음	중간		낮음
R4	R3	R2	R1
능력 있고 의지 있는	능력 있고 의지 없는	능력 없고 의지 있는	능력 없고 의지 없는

학급의 담임교사 혹은 교과 담당교사로서, 허시와 블랜차드의 상황적 리더십을 발휘한다면 어떤 사례가 있을까요?

리더십 다원론은 이후 등장한 수많은 이론을 가리키며, 지금도 해당합니다. 본격적인 출발은 **변혁적 리더십**(transformational leadership) 이론입니다. 지금까지는 **거래적**(transactional) 리더, 즉 보상에 기초하여 팔로워의 행동을 이끌어냈다고 한다면(give and take), 변혁적 리더는 영감, 동원, 도덕적 목적에 집중합니다. 이제는 팔로워가 놀라운 성과를 달성하고 그 과정에서 자신의 리더십 역량을 개발하도록 자극하고 영감을 주는 리더가 필요하다고 한 것입니다. 1970년대 루즈벨트와 케네디 등을 연구한 번스(Burns)로부터 출발하여 배스(Bass) 등이 명칭을 제시하고 핵심 요소를 제안하였으며, 기업을 포함한 다양한 조직에 큰 영향을 미쳤습니다.

변혁적 리더십은 팔로워의 기대와 동기를 지속적으로 자극하여 높은 수행과 발전을 가져오는 것을 목표로 합니다. '기대 이상의 직무수행'을 가져오는 놀라운 리더십! 4개의 I, 즉 **이상적인 영향력**(idealized influence), **영감적 동기유발**(inspirational motivation), **지적 자극**(intellectual stimulation), **개별적 배려**(indivisualized consideration)를 갖추고 있습니다. 변혁적 리더십에서 '카리스마'를 현대적으로 새롭게 조명하였고, 리더십의 새로운 차원을 열었다고 볼 수 있습니다. 그러나 다소 추상적인 측면이 있고, 엘리트주의적 사고라는 비판을 받기도 합니다. 변혁적 리더십은 지금도 기업과 공공분야에서 가장 많이 주목받고 연구되고 있습니다. 군조직에서도 가장 많이 연구된 리더십 유형이라는 점에서(오성진, 박수정, 2023) 높은 위상을 확인할 수 있습니다.

변혁적 리더십은 어떤 상황과 직업에서 필요하고 많이 관찰될까요?

이 밖에도 심리학자 골먼(Goleman)의 감성지능(emotional intelligence)에서 유래한 **감성 리더십**(emotional leadership), 리더의 헌신과 봉사를 강조하는 **서번트 리더십**(servant leadership), 공동체 이론에서 중시하는 **도덕적 리더십**(moral leadership), 팔로워를 리더로 기르는 **슈퍼 리더십**(super leadership)과 스스로에게 영향력을 행사하여 자기리더(self-leader)가 되는 **셀프 리더십**(self leadership), 리더의 코치 역할을 통해 팔로워의 개발에 초점을 두는 **코칭 리더십**(coaching leadership), 리더의 성찰과 진정성을 강조하는 **진성 리더십**(authentic leadership) 등 수많은 리더십 이론이 제안되어 왔습니다. 이름만 보고도 주목하게 되는 리더십이 있을까요? 리더십의 중요성 만큼 리더십의 세계는 무궁무진합니다!

리더십의 주요 이론들을 시간적 흐름으로 간단히 살펴보았습니다. 지나간 이론은 더 이상 의미가 없는 걸까요? 리더십을 키우고자 하는 직장인들은 화술을 배우는 스피치 학원을 다니기도 합니다. 리더십 특성론의 가장 큰 기여는 구체적인 기술에 대한 교육으로 실질적인 도움을 줄 수 있습니다. 최근에는 질적 연구를 통해 리더의 특성과 리더십 상황을 규명하는 연구도 활발하게 이루어지고 있습니다. 과업 중심, 인간 중심 리더십 이론은 지금은 거의 연구되지 않지만 간단하면서도 분명한 특징이 주는 선명함이 있습니다. 리더십 상황론의 본질은 결국 행동론이지만 리더십이 발휘되는 맥락과 환경의 중요성을 보여주었습니다.

3   교육리더십의 주요 이론과 이슈

앞에서 주로 일반적인 리더십 이론을 살펴보았다면, 교육현장에서 연구, 주목되는 리더십 이론을 살펴볼 차례입니다. 한국에서는 학교장 리더십 또는 리더십 전체에서 가장 많이 연구된 리더십 유형은 무엇일까요? **변혁적 리더십**입니다. 그 다음은 **수업 리더십**입니다. 미국에서는 수업 리더십 연구가 가장 활발하고, 변혁적 리더십이 그 다음으로 연구되고 있습니다(박수정 외, 2023). 최근 등장하여 주목받고 있는 리더십은 **분산적 리더십**과 **사회정의 리더십**입니다.

수업 리더십(instructional leadership)은 명칭 그대로 학교의 본질인 '수업'에 초점을 둔 리더십으로, 1980년대 미국에서 효과적인 학교(effecitve school)를 연구하는 과정에서 등장하였습니다. 수업을 학교교육의 중심에 두고 교사의 수업 전문성 개발과 수업 지원에 초점을 두는 리더십이라 할 수 있습니다. 이를 위하여 비전의 명확화, 수업 프로그램 운영, 학교문화 창조 등에 힘을 씁니다. 미국에서 수업 리더십은 교사의 전문성을 개발하는 조직적인 활동인 '**장학**(supervision)'과 함께 논의되며, 교장의 가장 큰 역할로 제시되고 있습니다. 우리나라에서도 수업 리더십이 연구되고 있지만 학교 현장에서 교장의 리더십으로 떠올리는 경우는 많지 않습니다. 장학 담당자보다는 관리직으로서의 역할이 기대되기 때문이나, 수업 개선에 있어서 교장의 역할은 중요합니다. 수업 리더십을 최근에는 교사의 적극적인 수업활동으로 보기도 합니다.

분산적 리더십(distributed leadership)은 2000년대 들어 교육조직을 중심으로 활발하게 발전되고 있는 리더십 이론입니다. '분산'에서 알 수 있듯이 권한의 공유와 상호작용이 핵심입니다. 리더십이 한 사람이 아니라 조직 구성원 다수 혹은 전부에게 분산되어 함께 공유하고 있으며, 단순한 합이 아닌 상호작용의 총체적 활용이라고 봅니다. 상호작용적 네트워크, 상황적 리더십 실행, 공유적 상호학습 등을 특징으로 하며, 상호의존적인 '협력적 교육거버넌스의 실현'이라고 볼 수 있습니다. 규범적인 측면이 강하지만 전문가들로 구성된 학교조직에 적합한 리더십이며, 특정 개인이 아닌 학교 전체나 교원 집단 차원으로 접근하기 때문에 개인에 기반한 전통적인 리더십의 관점에서는 새로운 개념으로 주목되고 있습니다.

사회정의 리더십(social justice leadership)은 사회적 약자를 존중하는 리더십으로 평등(equality)과 공평(equity)을 지향하고 실천합니다. 문화적, 인종적 다양성이 크고 사회적 불평등 문제가 심각한 미국의 상황에서 주목되는 리더십입니다. 우리나라에서도 다문화 사회가 진행되고 인권의 중요성이 강조됨에 따라 사회정의 리더십에 주목할 필요가 있습니다. 모두를 위한 교육, 소외되는 이 없는 교육을 중요하게 생각하고 이를 위해 행동하고 영향력을 발휘한다면 사회정의 리더입니다. 그동안 만나보았을까요?

특정한 유형과 속성의 리더십도 있지만, 최근 주목되고 있는 것은 **교사 리더십**입니다. 교사 리더십은 학교행정가 1인 리더십의 한계가 드러나면서 주목받기 시작했는데, 학교장의 교체와 관계 없이 학교변화의 동력을 장기적으로 유지할 수 있는 시스템으로서 담당하는 교실과 학교, 나아가 지역과 국가에 영향력을 미치는 **교사 리더**가 요구되고 있습니다. 공식적 지위에 있는 교사 외에도 모든 교사가 리더십을 발휘할 수 있으며, 교실을 넘어선 나눔과 협력의 가치와 행동을 보여줄 수 있습니다. 캐천마이어(Katzenmeyer)와 몰러(Moller)는 『잠자는 거인을 깨워라(Awakening the sleeping giant)』(2009)에서 교사 리더십의 구성요소로 자기인식, 변화주도성, 의사소통, 다양성, 교수능력, 혁신지속성, 자기조직화를 제시하였고, 교사 리더십을 전문적으로 연구하는 김병찬(2019)은 교사 리더에게 필요한 역량으로 이해, 소통, 촉진, 성찰, 철학 역량을 제시하였습니다.

한국에서 교사 리더십은 학생 대상으로, 교육 영역에서 가장 많이 연구되고 있으며, **셀프 리더십, 감성 리더십, 분산적 리더십**으로 교사 리더십을 설명하는 연구가 많이 이루어지고 있습니다(박수정 외, 2022). 교사 리더십은 학생 변수와 직접적으로 관련되는 것으로 연구되고 있는데, 학생의 성장을 가져오는 교사 리더십에 더욱 주목할 필요가 있습니다. 학생들을 직접 가르치고 대면하는 교사들이 학교 경영에 참여하여 리더십을 발휘할 때, 더 나은 의사결정을 내릴 수 있습니다. 그러나 교사 리더의 활동은 결코 쉽지 않습니다. 교사 리더의 도전 과제는 다음과 같이 제시되고 있습니다(Katzenmeyer & Moller, 2009).

- 교육현장의 문제를 해결해나갈 리더는 결국 교사라는 사실을 인정하고 받아들이는가
- 교장과 교사리더의 관계를 어떻게 구축할 것인가
- 동료교사와 어디까지 협업할 수 있는가
- 교육공동체를 위한 전문적 학습을 어떻게 이어갈 것인가

교육에서 **중간 리더십**(middle leadership)의 개념도 주목되고 있습니다. 풀란(Fullan)은 위와 아래를 이어주고 이것이 퍼져나가도록 중간에서 이끄는 리더십을 제안하였습니다. 이는 정부와 학교 사이에서의 중간이라는 위치 개념과 상향식 및 하향식 접근의 중간이라는 수준 개념에서 점차 네트워크의 개념으로 진화하고 있는데, 교육청과 학교를 이어주는 교육지원청과 교육전문직원이 중요하며, 또한 학교에서도 중간적 위치가 중요함을 보여주고 있습니다. 하그리브스(Hargreaves)와 핑크(Fink)가 제안한 **지속가능한 리더십**(sustainable leadership)도 관심을 가질 필요가 있습니다. 교육 변화와 리더십의 지속가능성을 위한 일곱 가지 원칙을 깊이, 지속, 너비, 정의, 다양성, 풍요로운 자원, 보존으로 제시하고 있습니다. 학교 구성원의 변동으로 학교 변화와 리더십의 지속가능성이 가장 큰 문제로 대두되기에 이 리더십이 더욱 주목되고 있습니다.

가장 관심이 가는 리더십 유형과 그 이유는 무엇인가요?

4 리더십 개발

학교장이 리더십을 갖추도록 어떻게 돕고 있나요? 교장 리더십은 교사 및 학교와 관련된 변수에 직접적인 영향을 주며, 학생 변수에도 간접적으로 관련되는 것으로 나타났습니다(주현준, 2022). 교장은 참여적 의사결정과 **임파워먼트**(empowerment)를 통해 학습성과를 높일 수 있습니다.

교장 리더십이 중요하지만, 리더십을 길러 교장에 임용되거나 리더십이 있는 교사를 교장으로 선발하고 있다고 보기는 어렵습니다. 경력과 여러 평정점수를 누적하는 승진제에 의한 교장임용제도가 주축이고, 공모로 교장을 임용하는 방식을 도입했으나 소수입니다. 수업의 전문가인 교사가 곧바로 관리의 전문가가 될 수 있을까요? 별도의 학습이나 노력 없이 학교장으로서의 리더십을 갖출 수 있을까요? 환경이 다르지만, 미국은 교장에 임용되려면 교육행정(리더십) 석사학위를 요구하며, 교육청에서 일하고자 하면 박사학위가 필요합니다. 학교 관리와 리더십, 특히 수업 리더십은 교장에게 중요하게 요구됩니다. 현재 **'선발 후 양성'**(승진 대상자로 선발된 후 교장연수)의 교장임용방식에서 **'양성 후 선발'**(일정한 학습 후 선발)을 도입할 것을 검토할 필요가 있습니다(나민주 외, 2009; 박상완, 2018).

주현준 등(2014)은 교원의 경력에 따라 단계별로 필요한 리더십 교육을 실시하여 미래의 교육리더를 양성하는 방안으로 **교육리더십 파이프라인**(pipeline)을 제안하였습니다. 현직교육과 학교현장에서 체계적으로 리더십이 개발되는 과정이 실현될 수 있을까요? 학생과 학교에 어떤 도움이 될까요?

교육리더십 파이프라인 모형

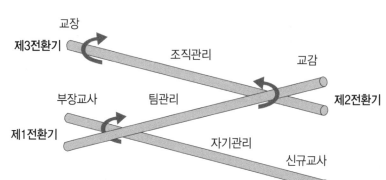

출처: 주현준 외(2014). p.76.

교사 또한 리더십을 개발하고 발휘할 수 있도록 도와야 합니다. 예비교사 시기부터 리더십을 갖추도록 지원하고, 현업에서 리더십을 기를 수 있는 학습기회가 마련되어야 합니다. 그리고 상대적으로 수평적인 학교조직에서 누구든지 리더십을 발휘할 수 있도록 조직풍토와 문화가 리더와 리더십에 긍정적으로 조성되어야 합니다. 리더십은 변화를 가져올 수 있는 중요한 동인이기 때문입니다. 리더십 개발은 멘토링과 공동체 등 다양한 방법으로, 단계적인 개인 맞춤형으로, 집단 리더십 개발로 전환될 필요가 있습니다(주현준, 2023).

교육리더십의 세계에 첫 발을 내딛었는데 어떤가요? 교육에서 리더십은 '학습에서의 정의와 평등을 달성하기 위한 리더십'을 지향하고, 학교의 안과 밖 그리고 위와 아래로 더욱 확대, 공유될 것입니다(박수정 외, 2023).

참고하기

교사리더십 진단도구

교사리더십을 구성하는 의식, 역량, 행동 성향의 주요 내용을 확인할 수 있음.

영역	하위요소	문항
교사 리더십 의식	주체의식	1. 나는 학교 교육활동에 있어 교사가 주체라고 생각하고 있다. 2. 나는 학교공동체의 변화와 발전을 위해 주체적으로 참여해야 한다고 생각하고 있다.
	책임의식	1. 나는 나의 교육활동에 대해 책임져야 한다고 생각하고 있다. 2. 나에게 학교를 더 나은 공동체로 만들기 위한 책임이 있다고 생각하고 있다. 3. 나는 국가 공교육 담당자로서의 책임이 있다고 생각하고 있다.
	자율의식	1. 나는 교육과정 운영의 자율성이 있다고 생각하고 있다. 2. 나는 상황과 맥락에 맞게 재량껏 학생을 지도하는 교사라고 생각하고 있다. 3. 나는 스스로 더 효과적인 교육방법을 탐색해 가는 교사라고 생각하고 있다. 4. 나는 타인을 존중하면서 스스로 판단하여 교육활동을 수행해 나가는 교사라고 생각하고 있다.
교사 리더십 역량	이해역량	1. 나는 내가 가르치는 학생의 특성 및 가정배경 등 학생 상황을 잘 이해할 수 있다. 2. 나는 내가 가르치는 학생들 사이의 관계에 대해 잘 이해할 수 있다. 3. 나는 주변 동료교사의 욕구와 동기에 대해 잘 이해할 수 있다. 4. 나는 학부모의 생각과 필요를 잘 이해할 수 있다. 5. 나는 우리 학교가 가진 독특한 상황과 맥락을 잘 이해할 수 있다.
	소통역량	1. 나는 수업지도 과정에서 학생들과 잘 소통한다. 2. 나는 동료교사와 교수활동과 관련된 피드백을 서로 잘 주고 받는다. 3. 나는 동료교사들과 수업지도나 학생지도 과정에서의 고충이나 문제에 대해 자주 이야기한다. 4. 나는 동료교사들과 함께 학교 교육의 문제나 원인에 대해 자주 이야기한다. 5. 나는 동료교사들과 함께 교육 현안의 해결 방안이나 실천 방향에 대해 잘 이야기한다.

	촉진역량	1. 나는 학생들의 학습 욕구를 잘 촉진시킬 수 있다. 2. 나는 동료교사의 필요와 욕구를 파악하여 잘 도와줄 수 있다. 3. 나는 동료교사들이 적극 참여하고 협력할 수 있도록 잘 촉진할 수 있다. 4. 나는 동료교사를 잘 격려하며 그들로부터 신뢰감을 얻고 있다. 5. 나는 동료교사의 능력개발을 위해 잘 촉진할 수 있다. 6. 나는 다른 사람들에게 동기부여를 잘한다 7. 나는 학부모들이 학교활동에 참여하도록 잘 촉진할 수 있다.
	성찰역량	1. 나는 나의 수업활동에 대해 잘 성찰한다. 2. 나는 학생들이 겪는 어려움이나 장애물에 대해 잘 성찰하면서 지도한다. 3. 나는 교사로서 바른 삶에 대해 지속적으로 성찰하면서 교육활동을 수행한다. 4. 나는 문제 상황에 부딪혔을 때 성찰을 통해 해결 방법을 찾아 나간다. 5. 나는 학생과의 관계에 대해 지속적으로 성찰하며 학생을 지도한다.
	철학역량	1. 나는 교육의 목적을 탐구하며 교육활동을 수행한다. 2. 나는 교사로서 나의 소신을 가지고 있다. 3. 나는 학생들을 대함에 있어 교육철학을 가지고 행동한다. 4. 나는 동료교사와의 관계에서 교육철학을 가지고 행동한다. 5. 나는 교사로서의 삶의 의미를 추구하며 살고 있다. 6. 나는 교사로서 나 자신의 교사상을 가지고 있다.
교사 리더십 행동 성향	목표 지향성	1. 나는 교육활동의 비전과 목표를 세우며 교육활동을 수행한다. 2. 나는 목표가 뚜렷하지 않으면 교육활동을 수행하기가 어렵다. 3. 나는 교육목표 달성을 위해 필요한 것들을 잘 알고 있다. 4. 나는 교육목표를 달성하지 못한다면 원인을 분석해 개선하려고 노력한다. 5. 나는 교육활동 수행 과정에서 힘들 때 목표를 떠올리며 극복한다. 6. 나는 학생이나 동료교사에게 목표의식을 심어주기 위해 노력한다.
	과업 주도성	1. 나는 교육활동 과정에서 주어진 역할을 주도적으로 담당한다. 2. 나는 내가 맡은 업무를 적극적으로 솔선수범한다.
	공동체성	1. 나는 교육 문제를 동료교사와 함께 해결하려고 한다. 2. 나는 문제가 생겼을 때 동료교사에게 도움을 구한다.

출처: 김병찬(2023). 어떻게 교사리더십을 발휘할 것인가? 학지사. pp.273-278.

더 찾아보기

김병찬(2019). 왜 교사리더십인가. 학지사.
교사 리더십의 개념과 속성을 제안함.

김병찬(2023). 어떻게 교사리더십을 발휘할 것인가? 학지사.
교사 리더십의 발휘 모형을 체계화하고 교사 리더십 개발 프로그램을 제안함.

박수정(2021). 미래교육과 교직실무. 송기창 외. 교직실무. 학지사.
박수정(2024). 교직의 이해/교직 생애와 성장. 박수정 외. 교사론과 교직실무. 박영스토리.
교사 리더와 교사 리더십의 중요성과 사례를 제시함.

박상완(2018). 학교장론. 학지사.
교장직의 특성과 리더십 이론을 종합적이고 체계적으로 소개함.

주현준(2023). 교육리더십: 이론과 연구. 학지사.
교육 리더십의 주요 이론과 최근 연구 동향을 종합적으로 제시함.

Katzenmeyer, M., & Moller, G. (2009). *Awakening the sleeping giant: Helping teachers develop as leaders*. Corwin Press. 양성관 외 역 (2019). 잠자는 거인을 깨워라. 에듀니티.
학교 변화에서 교사 리더십의 역할을 소개함.

Hargreaves, A., & Fink, D. (2012). *Sustainable leadership*. John Wiley & Sons. 정바울 외 역(2024). 지속가능한 리더십. 살림터.
지속가능한 리더십의 개념과 특징을 소개함.

01 리더십을 표현하는 그림들입니다. 내가 생각하는 리더십을 표현해 보세요.

02 우수 학교 또는 훌륭한 교직원의 사례를 찾아보고, 어떠한 리더십이 확인되는지 분석해 보세요.

03 미국 영화 〈고독한 스승〉(Lean on me)(1987)을 시청하고, 학교장이 보여준 리더십의 특징, 리더십이 효과를 발휘한 맥락 등을 분석해 보세요.

04 다른 조직과 비교할 때, 학교조직에서 필요한 리더십의 방향 혹은 특징은 무엇일지, 학교급에 따라 필요한 리더십은 차이가 있을지 의견을 제시해 보세요.

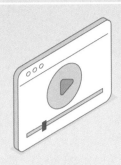

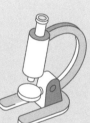
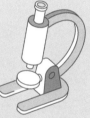

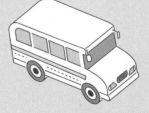

Chapter

05

학교경영과
참여

교/육/행/정/입/문

Chapter 05
학교경영과 참여

1 학교경영의 관점과 위상

학교는 어떻게 운영될까요? 학교와 교육의 중요한 사항을 누가 어떻게 결정할까요? 학교 구성원에게 학교경영 참여는 필수일까요?

학교의 목표를 달성하기 위한 기본적인 과업의 수행을 **학교행정**이라고 한다면, **학교경영**은 좀더 큰 틀에서 학교의 전반적인 운영과 능동적인 조직관리를 의미합니다. 그리고 조직 운영에 변화, 비전, 가치가 연결되면 앞에서 살펴본 리더십이 됩니다.

먼저 학교의 개괄적인 현황을 살펴봅시다. 한국의 학교는 교육연한으로 보면 6-3-3-4제의 학제를 1950년대부터 운영하고 있습니다. 초등학교와 중학교는 단일한 유형으로 의무교육이며, 고등학교는 2010년부터 크게 네 유형, 즉 일반고, 특수목적고(과학고, 외국어고, 국제고, 마이스터고), 특성화고(직업교육, 대안교육), 자율고(자율형 사립고, 자율형 공립고) 체제로 운영되고, 2019년부터 고교 무상교육이 실시되고 있습니다. 전체 학교 수는 약 2만개로 유치원 수가 가장 많고, 학생 수는 6백만명 이하로 감소세에 있으며, 교원은 약 50만명입니다.

학교 주요 현황(2023년 기준)

(단위: 교, 명)

구분		학교 수	인가학급 수	학생 수	교원 수
		전체	전체(일반+특수)	전체	전체
유치원		8,441	32,472	521,794	55,637
초등학교		6,175	125,803	2,603,929	195,087
중학교		3,265	53,915	1,326,831	114,800
고등학교	소계	2,379	55,817	1,278,269	130,610
	일반고	1,666	41,177	993,933	94,316
	특수목적고	162	2,908	60,480	8,124
	특성화고	487	9,915	175,327	24,044
	자율고	64	1,817	48,529	4,126
특수학교		194	5,442	28,889	11,038
고등공민학교		3	5	51	6
고등기술학교		6	33	365	64
각종학교		76	679	9,469	1,608
소계		20,539	274,166	5,769,597	508,850

출처: 교육통계서비스(KESS)(2023).

유치원은 의무교육체제로 운영되고 있지는 않으나 교육부에서 담당하고 교육청에서 지도·감독하며, 영유아 교육의 질 제고를 위해 보육기관인 어린이집과 통합하는 정책(유보통합)이 추진되고 있습니다. 특수학교는 약 200개교 있으며, 일반 학교에 재학하는 특수교육대상자도 있습니다. 법적으로는 초등학교, 중학교, 고등학교, 특수학교 등 '학교'의 명칭이 들어있는 교육기관, 그리고 교육이 이루어지는 모든 기관에서 목표를 달성하기 위한 조직운영을 '학교경영'으로 볼 수 있습니다.

학교경영의 기본 관점으로, 학교 통제(control)에 대한 권한을 기준으로 살펴보면 다음과 같이 제시할 수 있습니다(Leithwood & Menzies, 1998). 행정적 통제(administrational control)는 행정적 권한이 있는 사람들이 주로 통제하는 유형입니다. 학교장 중심의 통제가 대표적입니다. 전문적 통제(professional control)

는 전문성이 있는 사람들이 주로 통제하는 유형입니다. 학교에서 수업의 전문성을 발휘하는 교사 중심의 통제로 볼 수 있습니다. 지역사회 통제(community control)는 학부모와 지역민 중심의 통제로 볼 수 있습니다. 이 중 어느 한가지 통제 방식이 우세하거나 여러 통제 방식이 복합적으로 나타날 수 있습니다. 우리나라는 학교장의 대다수가 '관리자-교사-학교운영위원회 협력 운영'을 바람직하게 생각하는 것으로 나타나 균형 통제, 협력적 거버넌스를 선호한다고 볼 수 있습니다(김경회, 박수정, 2012).

실제로 우리나라는 어떤 통제 유형일까요? 역사적으로 볼 때 행정적 통제라고 생각할 수 있습니다. 그러나 오랫동안 중앙과 지방의 교육행정기관에 의한 관료적 통제가 강력했던 문화 속에서 학교장 중심의 운영이 '제대로' 이루어졌다고 보기는 어렵습니다. 그러던 것이 학교자율경영제(school-based management, SBM)의 부상에 따라 1995년 5.31 교육개혁에서 학교운영위원회 도입이 추진되면서 지역사회 통제를 취하는 듯 보였습니다. 이것은 다소 급진적이고 우리 문화에 맞지 않은 측면이 있었고, 학교운영위원회의 기능은 당초 '의결기구'에서 '심의기구'(공립학교) 및 '자문기구'(사립학교)로 확정되었습니다. 학교장 중심의 행정적 통제를 정립해 나가면서, 전문적 통제와 지역사회 통제 또한 사안에 따라 나타나고 있습니다.

현재의 학교경영 방식을 정확하게 규정하는 용어는 없으나, 법적으로는 '학교장 독임제(獨任制)'로 볼 수 있습니다. 『초·중등교육법』에 '교장은 교무를 총괄하고, 민원을 책임지며, 소속 교직원을 지도·감독하며, 학생을 교육한다.'고 규정한 바, 학교장은 독임제 집행기관에 해당합니다. 교육청의 수장인 교육감 또한 집행기관이라고 합니다. 독임제는 책임 소재가 명확하고 일사분란한 운영의 장점이 있으나 구성원의 참여가 낮고 관료의 전횡이 발생할 가능성이 있습니다. 이러한 방식에서 학교장은 더욱 중요합니다.

　학교장의 권한은 얼마나 될까요? 외국에 비해 크다고 보기는 어려운데, 정규 교직원을 임용하거나 보수를 결정하는 인사권이 없고, 교장 또한 교육청에서 볼 때 관료제의 일원으로 행정적 책임을 가집니다. 로티(Lortie)(1975)는 교장의 역할이 권한에 비해 책임이 많으며, 교사에게 중요한 '시간'이라는 자원을 배분하기에 의미가 크다고 하였습니다. 최근 사립학교 학교운영위원회의 기능이 공립학교와 동일하게 조정되고, 시·도에 따라 다양한 학교자치 기구(교직원회, 학부모회, 학생회 등)가 조례로 설치, 운영되고 있는 등 새로운 양상이 나타나는 점도 주의깊게 살펴볼 필요가 있습니다.

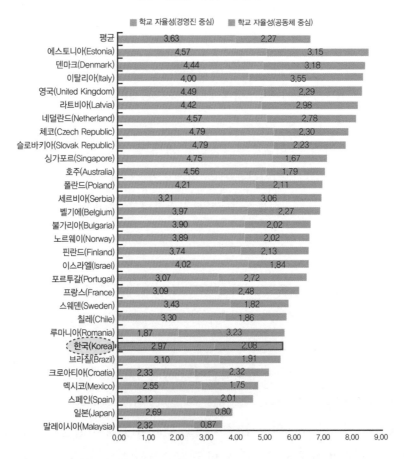

학교 자율성 수준 국제비교

출처: 이동엽 외(2018). p.15.

앞의 그림은 OECD 국제교수학습조사(TALIS) 2018 중학교 자료로 학교의 자율성 수준을 분석한 통계입니다. 학교 자율성 지수는 학교장 등 학교경영진이 학교업무 전반에 권한과 책임을 가지는 정도를 나타내는 경영진 중심 학교 자율성과 교사나 학교운영위원회가 권한과 책임을 가지는 정도를 나타내는 공동체 중심 학교 자율성으로 구성되어 수치로 제시되었습니다. 한국은 OECD 국가들 중에서 어떤 수준인가요? 학교 자율성의 전체적인 수준은 낮은 편입니다.

한국의 현황에 대한 특성과 이유를 추측해 보세요. 그리고 '경영진 중심 학교 자율성'은 교사의 효능감(직무를 잘 할 수 있다는 믿음)에 유의한 영향이 없었으나 '공동체 중심 학교 자율성'은 유의한 영향을 끼치는 것으로 나타났습니다. 이를 어떻게 보아야 할까요?

교육행정학자 김용(2019)은 SBM을 '학교자율운영'으로 칭하고 이를 1.0과 2.0으로 구분하였습니다. 5.31 교육개혁 이후 진행된 학교자율운영 1.0은 신자유주의와 신공공관리에 입각하여 책무성, 선택과 경쟁, 불신이 중심이 되었다고 비판합니다. 반면 2000년대 이후 부상한 학교자율운영 2.0은 민주주의, 책임, 신뢰, 개방과 공유를 근간으로 하며, 학교자치 논의와 연결됩니다. 2000년대까지는 학교자율화 정책 등 정부가 주도하여 수요자-시장-자율, 선택, 책임을 주요 특징으로 하였다면, 2010년대부터 학교자치 조례 제정 등 교육청 주도로 시민-민주주의-자치, 참여, 협력의 특징을 보이고 있습니다. 민주성과 공동체, 그리고 지역성은 오늘날의 학교경영을 바라보는 핵심 요소로 볼 수 있습니다.

2   학교경영과 의사결정 모형

학교경영은 크게 교육과정 운영과 조직 운영으로 나눠볼 수 있습니다. 학교에서는 크고 작은 의사결정이 일상적으로 이루어지는데, 학교의 교육과 운영의 중요한 사항에 대한 현명한 의사결정이 학교경영의 핵심이라고 할 수 있습니다.

매년 학교에서는 학교교육계획, 교육청은 주요업무계획을 수립합니다. 이는 연간 활동의 중요한 청사진으로 활용하고 평가의 기준으로 삼게 됩니다. 행정의 중요한 기능인 기획은 특히 학교경영 차원에서 중요합니다. 학교의 목표와 주요 방향 설정에서부터 각종 업무와 행사에도 기획이 필요합니다. 여기서 살펴보는 의사결정과 학교경영의 모형은 교육청과 교육부 등의 조직과 정부 정책에도 적용될 수 있습니다. 방향을 설정하고 주요 사업을 선택하는 일련의 과정이 기획이며 그 결과가 계획입니다.

다음은 학교, 교육청, 교육부가 추진하는 연간 계획(누리집 탑재)의 예시입니다. 학교마다 방향과 목표를 설정하고 주요 전략을 수립하여 추진하고 있습니다.

학교경영의 구체적인 모형에 앞서 일반적인 의사결정 모형을 살펴볼 필요가 있습니다. 의사결정(decision-making)이란 목적을 달성하기 위한 대안을 선택하는 과정 혹은 미래의 행동을 선택 또는 결정하는 것입니다. 개인적인 의사결정에서부터 조직 차원에서 이루어지는 의사결정, 그리고 국가적인 차원의 공적인 의사결정인 정책(policy)에 이르기까지 의사결정은 중요하게 이루어집니다.

세종 소담고 교육목표(2024)

충북 서전고 학교헌장(2024)

경기교육 기본방향(2024)

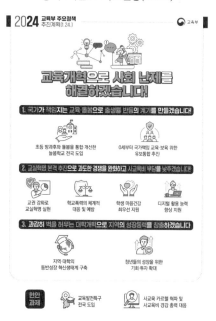

교육부 주요정책 추진계획(2024)

의사결정의 주요 모형은 다음과 같습니다.

합리적(rational) 의사결정은 인간과 조직의 합리성과 완전한 지식과 정보의 가용성을 전제로 합니다. 해결해야 할 문제에 대하여 모든 관련 정보를 수집하고, 그에 의거한 '최선의 대안'을 선택하는 것, 현실에서 가능할까요? 제한된 범위에서 접근 가능한 정보와 대안을 제한적으로 검토하여 '만족할 만한 대안'을 선택한다는 만족모형이 현실에서 가능성이 높다고 볼 수 있습니다. 주류 경제학의 '완전한 합리성'이 아닌 행정에서의 '제한된 합리성'을 바탕으로 합니다. 인간의 한계를 고려하여 복잡한 상황을 단순화하고, '최적화' 대신 '만족화'를 목표로 하는 것인데, 인간의 제한된 합리성을 인정하고 대안에 접근하는 것입니다. 합리적인 문제해결의 절차와 논리는 여전히 유효합니다.

합리적 문제해결의 과정

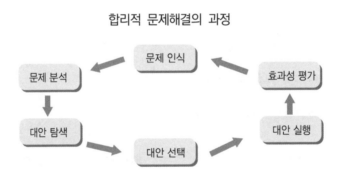

점증적(incremental) 의사결정은 합리적 의사결정의 비현실성에 대해, '조금 더 나은 대안'을 선택하고자 합니다. 기존의 문제점을 보완하는 것에 집중하며, 바람직한 목표에 조금씩 접근해가는 연속적 과정입니다. 어떤 행사를 기획할 때 전년도의 경험에서 문제점을 보완하면서 결정하는 방식이 그 예입니다. '진흙을 간신히 헤쳐 나가는 것(muddling through)'으로 묘사되었는데, 이 경우 결정되는 방안은 '현존방안±α'가 되며, 합리 모형은 근본적 방법(합리적, 포괄적)이라면, 점증 모형은 지엽적 방법(계속적, 제한적)으로 볼 수 있습니다(Lindblum, 1959). 보수적인 접근이지만 신중하고 위험 요인이 적어 자주 채택되는 모형입니다. 이러한 점증 모형과 합리 모형의 장점을 취해 에치오니(Etzioni)는 넓은 영역은 전자로, 좁은 영역은 후자로 접근하는 전략안 혼합모형을 제시하기도 하였습니다.

초합리적 의사결정은 합리성을 뛰어넘는 것으로 직관, 통찰, 판단력, 상상력과 같은 인간적 요소가 작용합니다. 드로(Dror)는 이를 최적모형(Optimal model)이라고 했는데, 주관적인 요인이 작용하나 때로는 체계적인 합리 모형보다 더 나은 결과를 가져오기도 합니다. 정치적 의사결정은 정치적인 힘에 의해 이루어지는 의사결정입니다. 권력을 가진 자 또는 집단이 결정에 큰 영향을 미치는 방식으로 현실에서 종종 일어나지만 바람직하다고 보지는 않습니다. 정치적 의사결정의 예를 떠올릴 수 있을까요?

우연적 의사결정은 합리적으로 설명할 수 없는 의사결정입니다. 수학여행을 준비하였지만 세월호 침몰, 중동 메르스 감염 확산, 코로나19 확산 등과 같이 예기치 않은 외부적인 상황(사건)이 계획에 영향을 주게 합니다. 의사결정에 참여한 어떤 이(참여자)가 안전을 대단히 강조하거나 좋은 장소를 잘 알고 있을 때 영향을 주기도 합니다. 3장에서 소개한 모형입니다.

현장체험학습을 기획한다고 할 때, 각 의사결정 모형에 따른 예를 들어보세요.

학교경영의 구체적인 모형은 앞서 살펴본 의사결정 모형과 연결됩니다. 학교경영의 모형은 학교조직의 규모와 상황에 따라 다르게 나타나며, 복합적으로도 나타날 수 있습니다. 토니 부시(Tony Bush)(2020)의 이론을 참고하여 소개합니다.

공식적 모형은 적법한 권한이 있는 사람 혹은 주체가 경영하는 모형으로, 앞서 살펴본 행정적 통제와 유사합니다. 리더가 목표를 정하며, 합법적인 절차로 만들어진 규정과 규칙에 의한 합리적 권위의 행사가 주를 이룹니다. 합리적 의사결정과 연결되며, 관리적 리더십을 발휘합니다. 협력적 모형은 참여에 의한 경영으로, 통상 전문성이 있는 사람이 참여하므로 전문적 통제에 가깝습니다. 동의와 협의가 중요하며, 참여적 리더십과 연결됩니다. 모든 참여자로 확장해서 본다면 공동체 모형으로도 볼 수도 있습니다. 정치적 모형은 힘(권력)이 있는 사람 혹은 집단에 의한 경영으로, 권한이 있는 사람과 힘이 반드시 일치하는 것은 아니며, 갈등과 타협이 나타납니다. 변혁적 리더십이 지양하는 거래적 리더십과 연결될 수 있겠습니다. 우연적 모형은 우연적인 요인들이 결합된 경영으로, 앞서 살펴본 조직과 의사결정 모형이 떠오를 것입니다. 그렇지요, 조직화된 무정부와 쓰레기통 모형! 그리고 상황적 리더십이 자연스럽게 연결될까요?

3 학교경영 참여와 학교자치

학교 구성원의 학교경영 참여는 바람직하고 효과적이라고 인식되고 있습니다. 내가 일하는 조직의 주요 의사결정에 참여하는 것은 효능감과 만족을 높이며, 업무 성과를 높일 수 있습니다. 따라서 참여적, 민주적 의사결정이 중시되고 있습니다.

참여적 의사결정과 관련하여 브리지스(Bridges)는 관련성(relevance)과 전문성(expertise)의 기준으로 의사결정 참여를 고려해야 한다고 하였습니다. 사안에 직접적인 이해관계나 관심이 있고(관련성), 전문적인 지식과 기술이 있으면(전문성) 의사결정의 수용 영역(zone of acceptance), 즉 행정가의 요구를 기꺼이 받아들이는 행동의 범위 밖에 있으므로 의사결정에 참여해야 합니다. 두 가지 중

하나가 부족하다면 제한적으로 참여하고, 둘 다 부족하다면 참여하지 않아야 합니다. 제한된 자원 속에서 참여 자체가 반드시 선(善)은 아니기 때문에, 어떤 이를 의사결정에 참여시켜야 할지 판단하는 데 참고할 수 있습니다.

에치오니(Etzioni)의 순응 이론을 떠올려보면, 조직에 대한 구성원의 관여는 소외적 관여, 타산적 관여, 헌신적 관여 유형이 있습니다. 학교는 규범조직으로 헌신적 관여가 일반적이라고 하였지만, 항상 그런 것은 아닙니다. 사안에 따라 혹은 개인에 따라, 어쩔 수 없이 강제로, 보상 등 이해타산적으로, 자발적인 헌신을 기반으로 등 다양하게 참여하게 됩니다. 헌신적 관여를 기대하나 타산적 관여로 대응할 수 있고, 소외적 관여도 일어날 수 있습니다.

교사의 학교 참여와 협력은 학생의 학업성취도에 영향을 줄 것이라는 기대가 있습니다. 교사 협력(teacher collaboration)은 중요한 주제입니다. 교사들이 함께 가르치거나 함께 학습하는 것이 장려되고 있으며, 이를 위해 소통과 참여가 중시되고 있습니다. 그러나 교육은 기본적으로 개별 교사의 책임이며, 교직에는 개인주의 문화가 강하게 자리잡고 있습니다. 내가 담당하는 학급과 수업의 범위를 벗어난 학교경영 참여를 교사들은 얼마나 희망할까요? 학교경영은 개별 학급과 수업에 영향을 미치지 않을까요? 학교의 특수성과 교사의 전문성에 기반한 학교경영 참여가 필요하며, 다시 리더십이 요구됩니다. 직원은 어떤가요? 교직원의 의사결정 참여는 매우 중요합니다.

학교경영과 교육에 있어서 학교의 안과 밖에서 관련을 맺는 집단은 누구일까요? 다음은 센게(Senge) 등(2012)이 '학습하는 지역사회'로 제시한 그림입니다. 학교의 다양한 집단의 존재와 관계를 보여주는 시스템사고의 예시를 통해 학교 안팎의 관련자들과 상호작용을 유추할 수 있습니다.

학습하는 지역사회

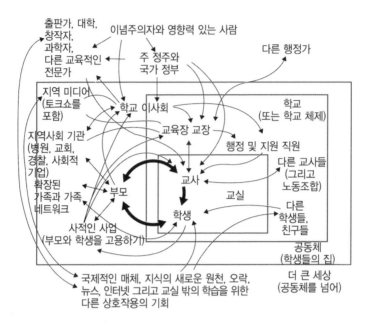

출처: Senge 외(2012), p.27.

학교 참여의 주체는 교직원에 한정되지 않습니다. 학생은 어떤가요? 학부모는? 지역사회는? 학교 참여의 주체를 살펴봅시다.

학교운영위원회는 학교참여를 위한 대표적인 기구입니다. 『초·중등교육법』에 '학교운영의 자율성을 높이고 지역의 실정과 특성에 맞는 다양하고도 창의적인 교육을 할 수 있도록 초등학교·중학교·고등학교·특수학교 및 각종학교에 학교운영위원회를 구성·운영하여야 한다'고 명시한 법정기구입니다. 학교운영위원회를 구성하는 위원은 교원, 학부모, 지역사회 위원이고, 교장은 당연직 위원이며, 교원위원은 위원장을 맡을 수 없습니다. 교육과정, 교과서, 방과후학교, 예산과 결산, 학교급식, 운동부 등 주요 사항에 대해 심의기구의 역할을 하고 있습니다. 단, 자체적인 수입인 학교발전기금에 대해서만 의결기구입니다. 학교운영위원회는 학교경영에 다양한 주체의 참여를 확대하고 학교행정의 투명성을 높이는 데 기여하였습니다. 그러나 형식적인 운영, 거수기 역할, 학부모위원이 채워지지 않는 현상, 일부 학부모위원의 비전문성과 개인적 참여 등도 지적되고 있기도 합니다. 그럼에도 학교운영위원회의 존재는 민주적인 학교경영에 큰 의미를 가지며, 최근 부상한 학교자치 논의에서도 주목됩니다.

학교운영위원회는 의결기구가 되어야 할까요? 학생은 위원에 포함되어야 할까요?

학교자치는 민주적인 학교경영을 대표하는 개념입니다. 학교자치는 '학교가 교육과 운영에 대한 자율적인 권한을 가지고, 학교 교육과 운영의 주요 사항을 학교 구성원들이 참여하여 결정하고 책임을 공유하는 것'이라고 볼 수 있습니다(박수정 외, 2021). 학교자치에는 학생자치, 학부모자치 등 주체별 자치 개념을 포괄하며, 교직원회, 학부모회, 학생회 등의 학교자치 기구를 가집니다. 2010년대 들어 시·도교육청에서 먼저 학교자치를 추진하고 조례를 만드는 등 적극적인 움직임을 보였습니다. 새롭게 구성되고 있는 개념으로, 민주적인 공동체로서의 학교가 학생의 학습과 성장을 위해 필요하다는 점에는 이견이 없습니다. 학령인구 감소에 따라 학교는 지역과 더불어 발전을 모색해야 하며, 학교와 관련되는 자들의 참여는 필수적입니다. 학교자치는 기능적 자치(자치 영역), 구조적 자치(자치 참여), 문화적 자치(자치 문화)로 구성되며, 학교장 리더십과 교육청 지원을 통해 학교 성과로 연결될 수 있습니다.

학교경영 참여와 학교자치의 목표는 무엇일까요? 학교가 존재하는 이유, 즉 학생의 학습과 성장입니다. 학교자치의 성과로 제안된 것은 학생 핵심역량, 교육과정 개선, 민주적인 학교문화, 학교공동체 의식, 학교만족도 등입니다. 이러

한 학교 성과를 높이기 위한 학교의 책무성이 중요합니다. 학교는 교육행정기
관의 평가와 감사 등 수직적 책무성에 주로 대응해 왔으나, 앞으로는 학부모와
지역사회에 대한 수평적 책무성에 대한 요구가 높아질 것입니다. 책무성에서
가장 핵심이 되는 것은 학생의 학습에 대한 책무성이 될 것입니다.

학교의 책무성을 높이기 위해서는 무엇이 필요할까요? 학교 구성원의 역량
구축이 필수적입니다. 개인 역량 외에도 조직 차원의 역량을 강화하는 것도 필
요합니다. 학교가 총체적으로 학생의 학습에 집중하면서, 교사가 전문적 정체성
(professional identity)을 발휘할 수 있고 학생과 학부모의 학교참여 의식과 역
량을 높일 수 있는 환경이 마련되어야 할 것입니다.

4 학급경영

학급은 어떤 곳인가요? 학생의 교육과 성장에 지대한 영향을 미치는 곳, 교
육의 목표를 달성하기 위한 다양한 교육활동이 이루어지는 중요한 교육의 장
입니다(신나라, 박수정, 2017). 학급도 하나의 조직으로서 학급담임의 학급경영이
이루어집니다. 담임교사는 학급에서 어떠한 존재일까요? 학급 또한 앞에서 살
펴본 의사결정과 경영의 모형을 적용해볼 수 있을까요?

학급담임은 학급경영의 목표를 세우고, 주요 학급행사를 기획·운영하며, 조·
종례와 청소지도 등 일상적인 학급관리 업무를 수행합니다. 학생회를 조직하고
개별 학생의 학급내 역할을 부여하고 지도합니다. 학생들과 대화하고 상담하
는 등 적극적으로 소통하며, 학생들이 목표하는 바를 이루도록 리더십을 발휘
합니다. 학급을 '경영' 한다고 보는 것이 맞을까요? 학급경영이라는 용어에 부
담 혹은 거부감을 갖는 경우 '학급운영'이라고 표현하기도 하는데, 적극적인 의

미의 운영으로 이해한다면 큰 무리가 없지 않을까요?.

학급을 경영하는 담임교사는 학급의 문화를 조성하고 학급 분위기와 만족도에 중요한 역할을 합니다. 학생들은 학급의 구성원이자 학습자로서의 위상을 가집니다. 『OECD 교육 2030』에서 학생의 변혁적 역량과 행위주체성이 중요하게 논의되고 있습니다. 학생들이 자발성과 책임감을 가지고 학급활동에 참여하고, 학급에서 의미있는 학습과 성장이 가능하도록 이끌어야 할 것입니다.

학급을 경영한다고 할 때, 목표와 과업, 예산을 기획해 보세요.
- 목표:
- 과업1:
- 과업2:
- 과업3:
- 예산:

학급경영의 주체는 누구인가요? 담임교사가 일차적인 권한과 책임을 갖지만 학생들과 함께 하는 학급경영이 필요합니다. 필요하다면 학부모의 목소리를 듣고 학급활동에 참여시킬 수도 있습니다. 민주적 학급경영이 필요한 이유는 학교경영에서 확인할 수 있습니다. 그리고 모든 학교 구성원에게 민주적인 학교는 학생들에게 민주적인 학급으로부터 출발합니다!

이 장에서 학교의 자율성에서부터 학급경영까지 학교경영과 참여와 관련된 다양한 주제를 다루었습니다. 학교는 단독으로 존재하지 않고, 교육청과 교육부, 지역사회와 지방자치단체와 관련을 맺고 움직입니다. 학교를 둘러싼 거버넌스는 다음 장에서 본격적으로 살펴보겠습니다.

더 찾아보기

김용(2019). 학교자율운영 2.0. 살림터.
한국의 학교자율운영(Scool-based management) 전개 과정과 쟁점, 전망을 소개함.

이동엽, 허주, 박영숙, 김혜진, 이승호, 최원석, 함승환, 함은혜, 신연재(2018). 교원 및 교
    직환경 국제 비교 연구: TALIS 2018 결과를 중심으로(I). 한국교육개발원.
OECD 국제교수학습조사(TALIS)의 주요 조사 결과를 확인할 수 있음.

차성현(2021). 학교를 움직이는 학교자치. 박수정 외, 오늘의 교육 내일의 교육정책. 학지사.
한은정(2021). 학부모, 학교교육의 지원자에서 참여자로. 박수정 외, 오늘의 교육 내일의
    교육정책. 학지사.
학교자치, 학부모 교육참여의 현황과 쟁점을 참고할 수 있음.

이지명, 이병희, 이진희, 최종철, 홍석노, 이대성(2023). 진짜 이기적인 교사. 교육과실천.
교사 협력으로 학교 문법을 다시 쓰자는 현장의 이야기를 소개함.

Senge, P. M., Cambron-McCabe, N., Lucas, T., Smith, B., & Dutton, J. (2012).
    Schools that learn (updated and revised): A fifth discipline fieldbook
    for educators, parents, and everyone who cares about education.
    Crown Currency. 한국복잡성교육연구회 역(2020). 학습하는 학교. 씨아이알.
학교에 적용하는 학습조직론과 시스템사고, 학교 복잡계 운영에 필요한 리더십을 소개함.

Tony Bush. (2020). *Theories of Educational Leadership and Management*.
    5th Edition, Pbk.
학교경영의 모형과 주요 특징을 체계적이고 종합적으로 설명함.

참고하기

학교자치 진단도구(공립학교 교직원용)
학교자치를 구성하는 요인과 주요 내용을 확인할 수 있음.

구분		문항
기능적 자치(자치영역)	교육과정	1. 선생님들은 학교 교육과정의 편성에 자율적으로 참여하고 있다. 2. 선생님들은 학생, 학교, 지역의 여건과 상황을 고려하여 교육과정을 운영하고 있다. 3. 선생님들은 학생의 성장에 도움이 되는 평가 방식을 자체적으로 개발, 활용하고 있다. 4. 교육과정에 대한 자체평가 결과가 차기 학교 교육과정 계획 수립에 반영된다.
	학생생활	1. 학생생활 전반에 대한 원칙을 학교 구성원이 공유하며 준수하고 있다. 2. 학생생활규정을 제·개정할 때 학교 구성원의 의견이 반영되고 있다. 3. 학생 간 갈등 예방 또는 조정 프로그램이 자체적으로 운영되고 있다.
	인사	1. 교원의 업무와 학년을 배정할 때 교원의 의견이 반영된다. 2. 교원인사자문위원회에서 결정된 내용은 특별한 사유가 없는 한 수용된다. 3. 교사를 초빙 임용할 경우 학교 구성원의 의사가 반영된다. 4. 교장을 임용하는 방식에 대한 논의(예: 교장공모제 실시 여부)에서 학교 구성원의 의사가 반영된다.
	예산	1. 학교의 예산을 편성, 변경할 때 학교 구성원이 참여하여 의견을 개진한다. 2. 규정의 범위 안에서 교직원의 예산 지출을 자율적으로 위임한다. 3. 학생회 의견을 바탕으로 학생회 예산을 편성하고 예산 사용의 자율권을 가진다. 4. 학부모회 의견을 바탕으로 학부모회 예산을 편성하고 예산 사용의 자율권을 가진다.
구조적 자치	학생	1. 학생 관련 주요 교육활동을 계획할 때 학생들의 의견이 수렴, 반영된다. 2. 학생회는 학교생활과 관련된 학교규칙 개정 등에 대한 의견을 학교(운영위원회 등)에 제안한다. 3. 학생회는 학생들의 주체적인 활동 조직으로 운영되고 있다. 4. 학생 자치 활동은 학생 주도적으로 이루어지고 있다. 5. 학생 동아리 활동은 학생 주도적으로 이루어지고 있다.

구분		문항
구조적 자치 (자치참여)	학부모	1. 학생 관련 주요 교육활동을 계획할 때 학부모들의 의견이 수렴, 반영된다. 2. 학부모회는 학교생활과 관련된 학교규칙 개정 등에 대한 의견을 학교(운영위원회 등)에 제안한다. 3. 학부모회는 학부모들의 주체적인 활동 조직으로 운영되고 있다. 4. 학부모의 학교 참여를 위한 다양한 프로그램과 학습 기회가 있다.
	교직원	1. 교내 주요 의사결정 과정에서 교직원들의 의견이 수렴, 반영된다. 2. 교직원의 의견을 개진, 협의하는 공식적인 절차가 마련되어 있다. 3. 학년별, 교과별, 부서별 등 소규모 협의체에서 결정된 내용은 존중된다. 4. 전체 교직원 회의에서 결정된 내용은 특별한 사유가 없는 한 수용된다.
	학교 운영 위원회	1. 학교운영위원회의 학부모, 교원 위원은 각 집단에서 대표성을 인정받는 인사로 구성된다. 2. 학교운영위원회에서 학생 관련 안건을 다룰 때 학생 대표 등이 참여하고 있다. 3. 학교운영위원회의 의견은 학교 운영에서 중요하게 다루어진다. 4. 학교운영위원회의 활동은 학교 운영의 자율성에 기여하고 있다.
문화적 자치 (자치문화)	비전 공유	1. 학교 구성원 간 의견 수렴과 협의를 통해 학교 비전과 교육 목표를 수립한다. 2. 학교의 비전은 교육과정을 포함한 교육활동 전반에 반영되고 있다. 3. 학교 구성원은 우리 학교 교육의 기본 방향과 내용에 공감하며 실천하려고 노력한다.
	자율과 책임	1. 학교 구성원은 학교 교육과 관련하여 의견을 자유롭게 말하고 참여할 수 있다. 2. 선생님들은 교육활동에 대한 결정과 그 결과에 대해 책임감을 가지고 있다. 3. 교직원은 학교에서 중대한 사안이 발생하면 책임 있게 해결하려고 한다. 4. 학생은 학습자로서의 윤리의식을 가지고 학교의 규칙을 준수한다.
	소통과 협력	1. 존중하고 배려하는 교직원 문화가 조성되어 있다. 2. 교직원과 학생 간 소통과 협력이 잘 이루어진다. 3. 교직원과 학부모 간 소통과 협력이 잘 이루어진다. 4. 교원과 직원 간 소통과 협력이 잘 이루어진다. 5. 교원 상호간 소통과 협력이 잘 이루어진다. 6. 학교 안팎의 문제가 발생하면 이를 해결하기 위하여 학교 구성원이 협력한다.

출처: 박수정, 정바울, 박정우(2021). 학교자치 진단도구 개발 연구. 한국교육문제연구, 39(3), 107-133. pp.126-127.

더 알아보기

01 학교경영과 학급경영의 목표나 교훈, 급훈을 수집하고, 이를 통해 확인할 수 있는 경영의 모형과 특징이 무엇인지 분석해 보세요.

02 학생자치가 활발한 사례를 학교급별로 찾아보고 그 특징을 살펴봅시다. 앞으로 요구되는 바람직한 학생자치 방안은 무엇일지 의견을 제시해 보세요.

03 학부모의 학교교육 참여는 2010년대부터 정책적으로 권장되고 있습니다. 학부모의 학교 참여는 왜 필요할지, 슬기로운 학부모의 학교 참여 방안은 무엇일지 의견을 제시해 보세요.

04 고등학교 담임교사라고 가정하고, 현장체험학습(1일)을 '학급의 일체감 조성'을 목표로 기획해 보세요.

- 주제:

- 일정(장소, 활동):

- 예산:

- 기대효과:

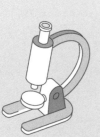

Chapter

06

교육거버넌스

교/육/행/정/입/문

Chapter **06**

교육거버넌스

1 거버넌스와 교육

최근 '거버넌스'(governance)라는 용어가 자주 들립니다. 무엇일까요?

사회의 복잡한 문제를 풀어가는 데 있어서 과거 국가 중심의 통치 (government)에서 협치(協治), 즉 다양한 주체의 협력적인 국정 운영이 효과적 이라는 인식이 부상함에 따라 널리 사용되고 연구되고 있습니다. 교육과 관련 된 문제는 매우 복잡하고, 관련자와 이해관계자가 많으며, 행정과 정책의 효과 도 명확하게 드러나지 않기에 거버넌스 개념이 유용합니다.

교육거버넌스는 '교육의 운영체계'로, 다양한 주체와 관련자의 협력적인 관계 와 참여를 포괄하는 '공동운영'의 의미를 내포한 개념입니다. 즉 중요한 교육 문제를 논의하고 해결하기 위하여 중앙, 지방, 학교 수준에서 다양한 참여주체 가 협력하거나 상호작용하는 방식으로 볼 수 있습니다.

거버넌스를 이해하려면 먼저 집권과 분권의 개념이 필요합니다. 조직에서 집 권(集權)은 권한의 상부 배치와 집중, 분권(分權)은 권한의 분산과 사무의 위임 을 의미하는데, 조직의 생산성을 위한 최적의 조직구조를 찾기 위한 접근 결과입니다. 국가 차원에서 각각 중앙집권과 지방분권에 해당하며, 집권과 분권의 적정 수준을 찾아야 한다는 적도집권(適度集權)의 원리도 참고할 수 있습니다. 어떠한 방식이 적합할지는 목표와 자원, 환경을 고려해야 합니다. 집권은 효율성, 분권은 민주성이 강하다고 인식되지만, 주민이 자유로운 이동을 통해 선호하는 지방자치단체를 선택함으로써 지방 공공재 공급의 적정 규모를 달성할 수 있다는 티부(Tiebout)의 가설은 분권의 생산성을 보여주는 이론입니다.

거버넌스의 유형을 살펴보면, 관료제적 관리 모형에 입각한 계층제 거버넌스가 대표적이었으나, 신공공관리, 신자유주의, 민영화론에 입각하여 자유로운 경쟁과 자율 조정 방식을 강조하는 시장 거버넌스가 부상하였습니다. 네트워크 거버넌스는 복잡하고 다양한 사회문제 해결에 있어서 상호의존성과 파트너십, 네트워크가 필요하다고 보고, 자율과 책임, 경쟁과 타협, 협상과 조정, 반응성과 투명성을 중시합니다. 권위, 선택, 연계 등 선호하는 가치가 있다면 거버넌스 지향을 파악할 수 있습니다. 교육에는 어떠한 거버넌스가 필요할까요?

다음으로 한국의 거버넌스를 간단히 살펴봅니다. 한국의 정치 · 행정체제는 입법, 행정, 사법의 3권 분립주의와 법치주의를 바탕으로 하는 5년 단임의 대통령 중심제로, 행정부를 대통령이 구성하고 국정을 총괄하여 '강한 행정부'라는 성격을 가집니다. 법을 집행하는 행정부에는 2024년 기준으로 19부 5처 17청의 중앙행정기관이 설치되어 소관 행정과 정책을 추진하고 있습니다. 행정부의 수반인 대통령은 법률안 거부권, 국회 임시의회 소집 요구권, 국회 출석 발언권, 사면권 및 헌법기관 구성권을 가집니다, 입법부에 해당하는 국회는 입법에 관한 권한(헌법 개정 제안 · 의결, 법률 제정 · 개정, 조약 체결 · 비준) 외에도 재정(예산안의 심의 · 의결, 결산 심사)과 국정(국정 감사 및 조사, 탄핵소추권, 행정부 견제권)에 대한 권한을 가집니다. 4년마다 선거를 통해 국회위원이 선출되어 국회를 구성하고 있습니다. 사법부에 해당하는 법원과 헌법재판소는 심판권(위헌법률

심판, 탄핵심판, 권한쟁의 심판, 헌법소원 심판)과 재판권(명령규칙 심사, 쟁송재판)을 통해 입법부와 행정부를 견제합니다. 사법기관의 독립은 엄격하게 보장됩니다.

전국적으로 광역 행정단위는 8개 시(서울, 부산, 대구, 인천, 광주, 대전, 울산, 세종)와 9개 도(경기, 강원, 충북, 충남, 전북, 전남, 경북, 경남, 제주)가 있으며, 기초 행정단위는 226개 시·군·구(시 75, 군 82, 구 69)가 있습니다. 정부 직할로 자치권과 재정이 지원되는 '특별자치시'는 세종에, '특별자치도'는 제주에 이어 최근 강원과 전북이 지정되었습니다. 지방자치제는 1949년 『지방자치법』 제정으로 1952년부터 운영하기 시작하였습니다. 1991년부터 선거를 통해 지방의회를 구성하고 1995년부터 지방자치단체장을 선거로 선출하고 있습니다. 전통적으로 국가 행정의 통제가 강한 중앙집권적 성격이 강하였으나, 지방분권과 주민자치가 강조됨에 따라 지방 행정의 자율성이 커지는 추세입니다. 지방자치단체는 광역(17개 시·도)과 기초(266개 시·군·구)에 있으며, 세종과 제주는 기초자치단체가 없습니다. 지방의회(시·도의회, 시·군·구의회)에서 조례를 제정하고 행정사무감사를 수행합니다. 지방자치단체장과 의원은 4년마다 선거로 선출합니다.

이러한 중앙과 지방의 정치·행정체제를 바탕으로, 교육 부문에 있어서 국가와 지방 단위에서 교육행정체제가 마련되고, 학교운영체제가 구축되었습니다. 더 나은 교육을 위해 바람직한 국가-지방-학교 간의 관계가 정립되고 있으며, 공식적인 참여자 외에도 다양한 인사들의 참여가 확대되고 있습니다.

2 국가교육 거버넌스

교육거버넌스는 교육행정을 직접적으로 담당하는 중앙과 지방의 교육행정기관, 그리고 교육활동과 교육행정이 함께 이루어지는 단위학교 외에도, 교육에 관한 중요한 의사결정에 관여하는 다양한 집단들이 참여하고 있습니다. 국가교육 거버넌스의 관련 집단은 공식적 참여자와 비공식적 참여자를 포함하며, 여기에서는 거버넌스와 정책에 참여하는 조직과 집단을 중심으로 살펴봅니다.

국가교육 거버넌스 관련 집단

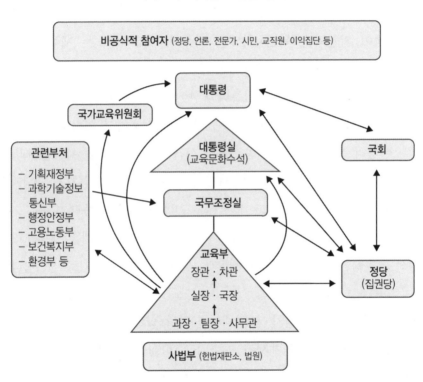

대통령은 정부의 수반으로 법령에 따라 모든 중앙행정기관의 장을 지휘 · 감독합니다. 대통령의 영향력은 사회수석과 교육비서관 등 대통령실, 국무총리를 수장으로 하는 국무조정실, 집권당을 통해 발휘됩니다.

교육부는 정부조직으로 교육 업무와 정책을 담당하고, 공식적인 최종 결정 권한은 장관에게 있습니다. 교육부장관은 인적자원개발정책, 영 · 유아 보육 · 교육, 학교교육 · 평생교육, 학술에 관한 사무를 관장합니다. 유보통합으로 영 · 유아 보육 · 교육이 새롭게 교육부 사무에 포함되었습니다. 사회적으로 파급효과가 큰 사안은 대부분 대통령실, 국무조정실, 집권당 등과 협의를 거쳐 결정하며, 타 부처의 소관 업무와 관련 있는 사안은 이를 관장하는 부처와 정책 협의를 거칩니다.

국회는 교육 관련 법안 제출과 의결, 교육상임위원회 활동, 국정감사 등을 통해 교육거버넌스에 영향을 미칩니다. 법률의 발의는 의원 입법(국회의원 발의)과 정부 입법(행정부 발의)을 통해 이루어지고, 법률의 제정과 개정, 폐지는 국회의 권한입니다. 교육위원회는 교육 관련 법안과 예결산을 심의하고 관련 기관 국정감사를 하기에 중요합니다. 국회의원 주최로 교육 현안에 대한 포럼이나 공청회를 개최하여 교육에 대한 영향력을 높이려고 하며, 국회의원과 공조하여 영향력을 행사하려는 비공식 참여자도 많습니다.

사법부는 판결을 통해 사후적으로 교육정책과정에 참여합니다. 법원과 헌법재판소는 교육정책의 내용적 타당성이나 결정과정의 적법성과 관련하여 소송이 제기되면 법적 원리와 사회적 통념을 감안하여 판결합니다. 1988년 헌법재판소가 창설된 후 위헌판결을 통해 교육에 큰 영향을 미쳤는데, 대표적으로 1990년 국립대학 사범대 졸업생 우선임용(지역 내 국공립학교 교원 무시험 임용)에 대한 위헌판결은 교원임용시험제도 도입 등 교원양성 및 임용방식에 커다란 변화를 가져왔습니다.

한편 정당은 입법과정 참여 외에도 교육 사안과 정책에 대해 논평을 하고 교육 여론 형성에 관여하는 등 국회 안팎에서 목소리를 내고 있습니다. 교육거버넌스에 영향을 주고 있습니다. 언론매체는 교육문제를 쟁점화하고 여론을 형성하는 역할을 합니다. 교육정책 연구자 등 전문가는 증거에 기반한 지적, 분석적 작업을 통해, 시민은 시민단체와 온라인 매체 등을 통해, 교직원은 전문직 단체와 노조, 직군별 협의체 등 이익집단과 교육단체를 통해 교육과 관련한 정책 논의에서 영향력을 행사하고 있습니다.

국가교육위원회는 알고 있을까요? 2022년에 새롭게 등장한 대통령 직속 위원회입니다. 이어서 함께 살펴보겠습니다.

3 교육거버넌스의 구조와 동향

한국의 중앙-지방-학교 단위 교육행정체제를 도식화하면 다음과 같습니다.

과거의 상명하달식 체제와 비교하면, 좀더 역동적인 상황이 그려질까요? 학교의 위상은 달라질까요?

교육거버넌스의 변화

중앙교육행정을 담당하는 기관(행정부)은 **교육부**, 지방교육행정을 담당하는 기관(집행기관)은 **교육청**입니다. 과거에는 교육부에서 시·도교육청으로 지침을 내리고, 시·도교육청이 교육지원청을 거쳐 학교로 지시와 명령이 하달되는 중앙집권적인 성격이 강했습니다. 그러나 현재의 거버넌스는 교육부와 시·도교육청이 함께 논의하고, 교육청이 학교를 지원하는 현장중심적 행정을 지향하고 있습니다. 학교 중심의 거버넌스가 더욱 중요해질 전망입니다.

2022년 9월에는 대통령 소속 **국가교육위원회**가 공식 출범하였습니다. 국가교육위원회는 사회적 합의에 기반한 교육비전, 중장기 정책 방향 및 교육제도 개선 등에 관한 국가교육발전계획 수립, 교육정책에 대한 국민의견 수렴·조정

등에 관한 업무를 수행하기 위하여 설립된 대통령 소속 행정위원회입니다. 정권이 바뀌어도 장기적으로 일관성 있는 교육정책을 추진하기 위해 설립된 위원회로 앞으로 그 역할이 주목되고 있습니다. 문재인 정부 대통령 직속 자문기구로 설치된 국가교육회의에서는 대입제도, 2022 개정교육과정, 교원양성체제 등 주요 교육정책과 현안에 대한 검토와 사회적 협의를 진행하였고, 국가교육위원회 설립을 추진하고 종료되었습니다.

국가교육위원회에 참여하는 위원과 추천자는 누구일까요?

중앙과 지방의 교육 권한, 학교의 자율성에 대한 법적 근거는 무엇일까요? 교육의 자주성 등에 관한 『교육기본법』 제5조를 참고할 수 있습니다. ① 국가와 지방자치단체는 교육의 자주성과 전문성을 보장하여야 하며, 지역 실정에 맞는 교육을 실시하기 위한 시책을 수립·실시하여야 한다. ② 학교운영의 자율성은 존중되며, 교직원·학생·학부모 및 지역주민 등은 법령으로 정하는 바에 따라 학교운영에 참여할 수 있다. 여기에서 국가, 지방, 학교의 역할을 확인할 수 있습니다. 그러나 중앙과 지방의 교육 권한 배분 수준, 학교의 자율성 범위에 대해서는 명문화된 기준을 찾기는 어렵습니다.

분명한 것은 교육부에서 시·도교육청으로, 그리고 교육지원청에서 학교로 지시가 전달되는 수직적, 관료적 체계는 큰 변화가 예고되고 있습니다. 지속적인 분권화로 교육부의 권한을 점차 교육청으로 이양하고 있으며, 학교의 자율성을 높이는 학교자치 정책이 추진되고 있습니다. 앞으로는 교육부와 시·도교육청의 수평적 관계 속에서 각자의 역할을 담당하고, 학교는 학생을 위한 가장 중요한 결정과 실행을 하는 최일선의 교육기관으로 자율과 책임이 더욱 크게 요구될 것입니다.

4   지방교육 거버넌스

광복 이후 학교교육에 대한 수요가 급격히 팽창하자 교육은 '국가의 일'이라는 생각은 더욱 커졌습니다. 세계적으로 유례를 찾을 수 없을 정도로 1950년대 말 단기간에 초등 의무교육을 완성하고 높은 취학률을 달성하였던 것, 순차적으로 중등과 고등 단계의 진학률과 취학률을 높였던 것은 국가적인 노력에 기인한 바 큽니다. 그러나 지역마다 교육에 대하여 특수한 요구와 특성이 있고, 자율성과 다양성 속에서 학교교육이 더욱 발전할 수 있기에 교육은 '지역의 일'입니다. 과거 권농(勸農)과 권학(勸學)이 지방 수령의 급무였던 것처럼(박수정, 2016), 경제와 교육은 오늘날 지역에서 가장 중요한 일입니다.

한국에서 지방교육자치제의 역사는 짧지 않습니다. 1949년에 제정된 『교육법』에서 처음 규정되고 1952년부터 실시되었습니다. 지방자치제와 완전히 독립된 제도로 교육 분야의 지방자치가 출발하였고, 1961년에 잠시 폐지되었다가 다시 운영되었으며, 1991년 『지방교육자치에 관한 법률』의 제정으로 실질적인 교육자치 운영기에 접어들었습니다. 2010년부터 교육감과 교육의원에 대한 주민직선제가 전국적으로 실시되기 시작하여 대표성과 민주성이 확대되었습니다. 그러나 2014년에는 교육의원 제도가 폐지되고 시·도의회의 상임위원회에서 의결 기능을 하게 되어 독자적인 의결기관은 없는 상태이며, 특별자치도인 제주의 경우에만 교육의원 제도가 2026년까지 운영됩니다.

한국의 지방교육자치와 교육행정 구조는 다음과 같습니다.

지역 내 교육행정 구조

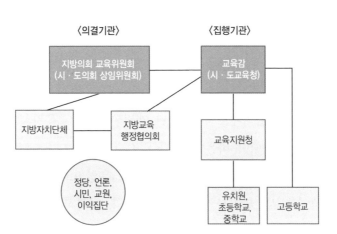

교육청은 전 지역을 관할하는 본청과, 지역을 나누어 일을 맡아보는 하급교육 행정기관인 교육지원청이 있습니다. 본청은 기획과 정책 기능이 강하며, 지원청 은 초등학교와 중학교를 직접 담당하고 특수교육과 상담 기능을 맡고 있어 현 장 지원 기능이 강합니다. 2010년까지 지역교육청이라 불렸던 교육지원청은 학교, 학생, 학부모를 지원하는 기관으로 변화하는 정책을 통해 현재 명칭으로 변경되었습니다. 최근에는 관할 지역 학교의 행정을 직접 지원하는 학교지원 센터를 설치하는 등 교육지원청의 학교 지원 기능을 더욱 강화하는 추세입니 다. 이밖에도 교육청은 연구원, 정보원, 연수원 등의 직속기관을 통해 학교와 학생을 위한 교육행정을 펼치고 있습니다.

지방교육자치는 '지방의 자치'와 '교육의 자치'라는 이중 자치의 성격을 갖습니 다. 『지방교육자치에 관한 법률』에 의하면 교육의 자주성 및 전문성과 지방교 육의 특수성을 살리고 지방교육의 발전에 이바지함을 목적으로 합니다. 지방자 치단체의 교육·과학·기술·체육 그 밖의 학예에 관한 사무는 시·도교육청의 사무로, 교육감은 조례안, 예산안, 결산서, 학교규칙, 학교 설치, 교육과정 운영

등 법정 자치사무와 국가위임사무를 관장하고 있습니다. 교육감은 시·도의 교육행정을 총괄하는 교육청의 수장으로, 2010년부터 전국적으로 주민직선제로 선출되고 있습니다. 교육감의 자격은 교육 또는 교육행정경력 3년 이상, 1년간 비정당원이어야 하며, 현직 교원은 퇴직하지 않으면 출마할 수 없습니다.

지방교육과 관련된 협의체로서 2006년 개정된 『지방교육자치에 관한 법률』에 의해 반드시 설치되어야 하는 기구가 있습니다. 지역 내 교육행정협의체와 전국적인 교육감 협의체가 법정 기구로서 설치, 운영되고 있습니다. 교육행정협의회는 각 지역에서 시·도지사와 교육감이 협의, 협력하는 기구이며, 교육감협의체는 전국시·도교육감협의회가 구성되어 대정부 건의를 협의하고 있습니다.

한국의 지방교육 거버넌스의 독특한 특징은 '지방행정에 있어서 교육행정의 분리'입니다. 지역 안에서 교육행정을 담당하는 '시·도교육청'과 지방자치단체라고 부르는 '시·도청'이 따로 존재합니다. 즉 서울특별시교육청과 서울특별시청은 다른 기관입니다. 지방행정에서 교육 분야만 분리되어 있는 것이며, 이는 헌법에 규정한 '교육의 자주성, 전문성, 정치적 중립성'의 가치를 제도적으로 달성하고자 하는 것입니다. 그러나 집행기관은 분리되었으나 의결기구는 시·도의회 안에 설치된 상임위원회이기 때문에 '불완전한 독립' 형태를 보이고 있습니다.

지방행정과 분리된 독자적인 교육행정의 순기능과 역기능은 무엇일까요?

이러한 분리·독립형 지방교육체제는 일제강점기에 군국주의적 성향을 가졌던 교육행정을 미군정기에 한국과 일본에서 공통적으로 국가와 분리하였던 것으로부터 시작됩니다. 한국은 1949년 『교육법』에서 지방교육행정을 독자적으로 출발한 이래로, 잠시 폐지된 시기를 제외하고 오랫동안 지방에서의 교육행정이 독립적으로 운영되고 있습니다. 다른 나라들은 어떨까요? 일본은 1950년대에 일반행정과 교육행정이 통합되었고, 대부분의 국가는 통합된 체제이며, 프랑스는 중앙집권적인 지방교육행정을 운영하고 있습니다.

현재의 체제는 교육의 전문성과 자주성, 교육재정 확보 측면에서 강점이 있으나, 조직 운영 효율성, 지역과의 연계, 지역과 교육의 상호 발전 측면에서는 문제로 인식되고 있기도 합니다. 이에 '통합론'이 제기되어 현행 제도의 '분리론'과 대립해왔고, 2000년대부터는 '연계·협력론'이 본격적으로 논의되었습니다. 주로 교육계에서는 분리를, 행정학계에서는 통합을 주장하며, 대통령 직속 위원회인 지방시대위원회는 '통합을 지향한다'고 밝혀 현 제도와 충돌되고 있습니다. 교육감 직선제에 대하여 시·도지사 러닝메이트(running-mate) 등 현 제도와 양립하기 어려운 제안이 국회와 언론에서 계속 제기되고 있습니다. 헌법재판소는 '지방교육자치가 민주주의, 지방자치, 교육자주라는 헌법적 가치를 골고루 만족시킬 수 있어야 한다(99헌바113)'는 입장을 보이고 있습니다.

지방교육자치제에 대한 논의가 주로 제도와 구조에 집중되면서 기존의 프레임으로 발전적인 논의를 하기에는 다소 어려움이 있습니다. 문재인 정부에서는 공교육 혁신과 지역교육공동체 구축을 위한 **혁신교육지구**(미래교육지구) 사업을 추진하여 교육청과 지자체의 긴밀한 협력과 적극적인 거버넌스 체제 구축이 요구되었습니다. 윤석열 정부 또한 **교육발전특구**를 선정하는 사업을 통해 지자체와 교육청의 협력, **지역혁신중심 대학지원체계**(RISE)를 통해 대학과 지자체의 협력을 도모하고 있습니다. 지역과의 밀착, 시민 참여 확대는 지방교육의 중요한 과제입니다. 교육거버넌스와 관련된 조직과 개인의 역량에 대한 논의도 적극적으로 이루어져야 할 것입니다. '지방교육의 발전'이라는 목적을 상기하고 '지역과 함께 성장하는 교육'을 고려하면서(박수정, 이상호, 2021) 지방교육거버넌스를 새롭게 논의할 필요가 있습니다.

지역과 교육의 관계를 어떻게 정립할까요? 지역과 교육이 상생하는 방안은?

5 교육거버넌스의 현실과 전망

가장 중요한 학교 거버넌스는 5장에서 소개한 내용을 참고하기 바랍니다. 학교경영의 모형과 학교운영위원회 등이 떠오를까요? 학교자치 담론에서 알 수 있듯이 학교는 더욱 자율적으로, 더욱 많은 참여로 나아가야 합니다. 그러나 학교의 자율성 자체가 목표는 아니기 때문에, 자율과 함께 책임을 균형있게 논의하고, 학교자치의 결과로서 학교 성과를 무엇으로 볼 것인가, 이를 위한 학교장의 리더십과 교육행정기관의 지원 등에 대한 논의도 필요합니다. 학교자치를 위한 교육거버넌스를 위해 제도적 기반을 마련하는 것도 중요하며, 특히 자율적인 학교운영을 위한 책임있는 거버넌스 체제 구축이 필요합니다.

교육거버넌스에서 학생은 어떤 존재일까요? 2020년 『공직선거법』 개정으로 선거권이 18세 이상으로 낮춰지고, 고등학교 3학년 학생 중에는 선거에 참여하는 학생도 있습니다. 학습자인 학생의 '목소리'를 청취하고 논의하고 반영하는 것은 모든 수준의 거버넌스에서 중요합니다. 교육정책과 학교경영에 학생을 참여시키는 구조와 실질적인 운영이 필요합니다.

교육거버넌스에서 학생의 위상과 역할은 무엇일까요? 어떻게 지원할 수 있을까요?

한국의 교육거버넌스는 역사 속에서 그 모습이 형성되어 왔고, 조금씩 변화 중입니다. 중앙집권적 성격의 교육행정은 지방 분권과 학교자치를 통해 그 성격이 변화하고 있는 중이며, 지역 안에서는 교육청과 지방자치단체의 연계와 협력을 통한 지역 교육과 지역의 발전, 그리고 학교 중심의 교육행정을 지향하고 있습니다. 오랫동안 발전시켜 온 지방교육자치제가 기존의 프레임을 벗어나 지방교육 거버넌스 논의를 통해 더욱 좋은 제도로 진화하고, 학교가 더 좋은 교육을 할 수 있는 학교 거버넌스 체제를 만들어갈 수 있도록 교육 당국과 교육 관련 집단의 노력이 필요합니다.

확실한 것은 더욱 열린 체제로, 다양한 참여자들이 함께 하는 협력적인 거버넌스로 나아간다는 점입니다. 단, 교육의 성격에 비추어볼 때, 참여자의 범위와 거버넌스 방식을 어떻게 결정할 것인지는 신중하게 접근할 필요가 있습니다. 교육의 전문성을 인정하면서도 '고립된 섬'으로 존재하는 것이 아니라 지역 및 시민과 함께 성장하는 학교가 될 수 있는 지혜가 필요합니다.

더 찾아보기

나민주, 고전, 김병주, 김성기, 김용, 박수정, 송기창(2018). 한국 지방교육자치론. 학지사.
지방교육자치제의 역사와 교육감, 교육위원회, 교육행정기관, 교육재정, 그리고 지방교육자
치의 성과를 다룸.

박상완(2013). 지방분권과 교육, 한국학술정보.
프랑스와 한국의 교육행정체제와 거버넌스를 비교하면서 교육의 지방분권을 논의함.

박수정(2014). 한국 지방교육자치 탐구: 연구와 동향. 학지사.
한국 지방교육자치의 주요 이슈를 다양한 방법으로 접근하고 연구함.

한국교육행정학회(2013). 한국교육행정학 연구 핸드북. 교육과학사.
학교, 지방, 국가 등 교육행정의 연구 동향과 주요 이슈를 종합적으로 다룸.

이인회(2020). 마을로 돌아온 학교. 교육과학사.
교육의 원형으로 돌아온 마을교육, 마을교육공동체의 개념과 이론을 소개함.

추창훈(2017). 로컬에듀. 에듀니티
교육지원청 장학사로서 전북 완산지역의 교육과 교육행정의 지역화 사례를 소개함.

박순걸(2024). 학교외부자들. 교육과실천.
초등 교감의 시각에서 학교의 내부와 외부에 문제와 제언을 제기함.

01 헌법과 『교육기본법』, 『지방자치법』, 『지방교육자치에 관한 법률』에서 교육거버넌스에 대한 사항을 정리해 보세요.

02 교육감 선출방식에 대한 언론 기사와 연구물을 확인하고 주장과 그 근거를 정리해 보세요. '교육을 위한 교육감'을 선출하는 방식에 대한 의견을 제시해 보세요.

03 지역발전특구, 대학혁신중심 지원체계에 대한 교육부 계획과 지역별 추진 현황
을 조사하여 정리해 보세요. 지역과 교육을 연결하고 상생하는 바람직한 방안에
대한 의견을 제시해 보세요.

---

04 현재와 미래의 교육거버넌스에서 중요한 특징은 무엇일까요? 각각 그림을 그려
보세요.

현재의 교육거버넌스	미래의 교육거버넌스
설명	설명

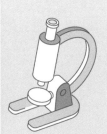

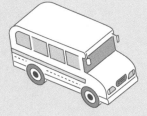

Chapter

07

교육법과 정책

교/육/행/정/입/문

교육법과 정책

1 교육의 법적 기초

교육과 교육행정에서 '법'을 알아야 하는 이유는 무엇일까요?

법은 정의를 실현하기 위해 강제력을 수반하는 사회규범으로, 법치국가에서 행정은 기본적으로 법을 집행하는 행위입니다. 교육행정은 법규에 근거하여 이루어지며 교육과 관련된 법규를 집행하기에 **교육법**은 매우 중요합니다. 교육법 외에도 학교와 학생을 대상으로 하는 모든 법은 교육과 교육행정에 영향을 줍니다. 법에 대한 이해는 필수적이므로, 법적 근거에 기반한 정책과 함께 살펴보고자 합니다.

법이 존재하는 형식을 **법원**(法源)이라 합니다. 우리나라는 문서의 형식으로 국가기관에서 제정하는 성문주의(成文主義)를 채택하고, 성문법이 불비된 한도 내에서 불문법도 법원이 되고 있습니다. 이러한 법률과 규범을 포괄하여 **법규** (法規)라 하고, 국가 차원의 법률과 명령을 통칭하여 **법령**(法令)이라 합니다. 가장 상위법인 헌법, 국회와 중앙정부 수준의 **법률**과 대통령령, 시·도의회와 지방자치단체 수준의 조례와 규칙, 그리고 판례가 교육과 교육행정에 대한 영향력이 크다고 보겠습니다.

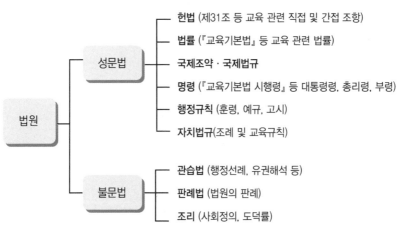

교육법규의 법원(法源)

법원
- 성문법
  - **헌법** (제31조 등 교육 관련 직접 및 간접 조항)
  - **법률** (『교육기본법』 등 교육 관련 법률)
  - **국제조약 · 국제법규**
  - **명령** (『교육기본법 시행령』 등 대통령령, 총리령, 부령)
  - **행정규칙** (훈령, 예규, 고시)
  - **자치법규**(조례 및 교육규칙)
- 불문법
  - **관습법** (행정선례, 유권해석 등)
  - **판례법** (법원의 판례)
  - **조리** (사회정의, 도덕률)

헌법은 국민의 기본권과 국가의 통치체제의 기초를 정한 기본법이며, 모든 법에 우선하는 상위의 국가규범입니다. 대한민국헌법은 1947년 7월 17일 제정되고 8차에 개정되어 현재에 이르고 있습니다. 1987년에 개정된 헌법은 10장 130조로 이루어져 있는데, 시간을 내어 전문을 한번 읽어볼 것을 권합니다. 헌법 제1조를 대표로 읽어볼까요? ① 대한민국은 민주공화국이다. ② 대한민국의 주권은 국민에게 있고, 모든 권력은 국민으로부터 나온다.

헌법에서 교육에 관하여 직접적으로 규정한 조항(현재 제31조)을 살펴보겠습니다. 개정 사항을 확인하면, 시대적 변화에 맞추어 교육에서 가장 중요한 원리를 규정하고 있음을 알 수 있습니다. 이 밖에도 간접적으로 규정하는 조항들도 교육에 참고할 수 있습니다.

대한민국헌법 교육 직접 조항의 내용 변화

시기	내용
대한민국헌법 (제정) 1948.7.1	제16조 모든 국민은 균등하게 교육을 받을 권리가 있다. 적어도 초등교육은 의무적이며 무상으로 한다. 모든 교육기관은 국가의 감독을 받으며 교육 권리는 법률로써 정한다.
대한민국헌법 (제5차개정) 1962.12.26	제27조 ① 모든 국민은 능력에 따라 균등하게 교육을 받을 권리를 가진다. ② 모든 국민은 그 보호하는 어린이에게 초등교육을 받게 할 의무를 진다. ③ 의무교육은 무상으로 한다. ④ 교육의 자주성과 정치적 중립성은 보장되어야 한다. ⑤ 교육제도와 그 운영에 관한 기본적인 사항은 법률로 정한다.
대한민국헌법 (제7차개정) 1972.12.19	제27조 ① 모든 국민은 능력에 따라 균등하게 교육을 받을 권리를 가진다. ② 모든 국민은 그 보호하는 자녀에게 적어도 초등교육과 법률이 정하는 교육을 받게 할 의무를 진다. ③ 의무교육은 무상으로 한다. ④ 교육의 자주성과 정치적 중립성은 보장되어야 한다. ⑤ 교육제도와 그 운영에 관한 기본적인 사항은 법률로 정한다.
대한민국헌법 (제8차개정) 1980.10.27	제29조 ① 모든 국민은 능력에 따라 균등하게 교육을 받을 권리를 가진다. ② 모든 국민은 그 보호하는 자녀에게 적어도 초등교육과 법률이 정하는 교육을 받게 할 의무를 진다. ③ 의무교육은 무상으로 한다. ④ 교육의 자주성·전문성 및 정치적 중립성은 법률이 정하는 바에 의하여 보장된다. ⑤ 국가는 평생교육을 진흥하여야 한다. ⑥ 학교교육 및 평생교육을 포함한 교육제도와 그 운영, 교육재정 및 교원의 지위에 관한 기본적인 사항은 법률로서 정한다.
대한민국헌법 (제9차개정) 1987.10.29	제31조 ① 모든 국민은 능력에 따라 균등하게 교육을 받을 권리를 가진다. ② 모든 국민은 그 보호하는 자녀에게 적어도 초등교육과 법률이 정하는 교육을 받게 할 의무를 진다. ③ 의무교육은 무상으로 한다. ④ 교육의 자주성·전문성·정치적 중립성 및 대학의 자율성은 법률이 정하는 바에 의하여 보장된다. ⑤ 국가는 평생교육을 진흥하여야 한다. ⑥ 학교교육 및 평생교육을 포함한 교육제도와 그 운영, 교육재정 및 교원의 지위에 관한 기본적인 사항은 법률로 정한다.

헌법에서 교육 직접 조항의 변화 내용과 개정 이유는 무엇일까요?

헌법에 규정된 내용은 교육권 보장, 교육의 기회 균등, 무상 의무교육, 교육의 자주성, 교육의 전문성, 교육의 정치적 중립성, 교육법률주의 등입니다. 국민의 기본권으로서 **교육권 보장**이 가장 중요한 목적입니다. '**능력에 따라 교육받을 권리**'는 인종, 성별, 종교, 신분, 재산, 가정환경 등에 차별을 받지 않고 신체적 능력에 따라 교육을 받되, 능력이 부족한 자에게도 적절한 교육의 기회를 부여해야 한다는 것입니다. '**균등하게 교육받을 권리**'는 개인적인 배경이나 신분으로 교육에서 어떠한 차별도 받지 않아야 한다는 것입니다. 실질적으로 균등한 교육기회가 되도록 국가가 적극적 배려할 것을 규정하고 있습니다. 교육권 보장을 위한 원리로 **자주성, 전문성, 정치적 중립성**을, 방법으로 **무상교육**과 **법률주의**를 제시하고 있다고 볼 수 있습니다. 이러한 헌법 정신은 법규로 반영되며, 교육적 행위와 정책의 기준으로 삼아야 할 것입니다.

교육에 관한 법률로 최초로 제정된 의미있는 법률은 『교육법』입니다. 1949년 제정되어 오랫동안 교육에 관하여 근간이 되는 법으로 기능하였습니다. 시간의 경과에 따라 『교육법』으로 교육의 모든 영역을 포괄하기 어려워지자 1998년 이를 폐지하면서 『**교육기본법**』을 제정하고, 분야별로 『**초·중등교육법**』, 『**고등교육법**』 등을 제정하여 자세하게 규정하였습니다.

현행 교육법규를 기본교육, 학교교육, 평생교육으로 구분하여 정리하면 다음과 같습니다. 법령은 법제처에서 운영하는 국가법령정보센터에서 검색할 수 있는데, 가장 먼저 『교육기본법』을 찾아보고, 다음으로 『초·중등교육법』, 『유아교육법』, 『특수교육법』, 『고등교육법』, 『평생교육법』 등 교육단계와 대상에 대하여 관심있는 법령을 살펴보기 바랍니다. 또한 교육문제와 정책에 있어서 궁금한 것은 반드시 법령을 확인하여 정확한 법적 근거를 찾아보고 참고해야 합니다. 특히 교육자에게 법은 중요합니다.

현행 교육법규

영역	관련 법규
기본교육 법규	• 교육기본법 • 국가교육위원회 설치 및 운영에 관한 법률 • 교육부와 그 소속기관 직제 • 지방교육자치에 관한 법률 • 지방교육행정기관의 행정기구와 정원 기준 등에 관한 규정 • 지방교육행정기관 및 공립의 각급 학교에 두는 국가공무원의 정원에 관한 규정 • 교육세법 • 지방교육재정교부금법 • 재외국민의 교육지원 등에 관한 법률
학교교육 법규	• 유아교육법 • 초·중등교육법 • 고등교육법 • 사립학교법 • 교과용 도서에 관한 규정 • 유치원·초등학교·중학교·고등학교 교육과정(교육부 고시) • 학교보건법 • 학교급식법 • 학교시설사업 촉진법 • 대안학교의 설립·운영규정 • 교육공무원법 • 교육공무원임용령 • 교육공무원징계령 • 교육공무원 승진규정 • 교원자격검정령 • 교원연수에 관한 규정 • 공무원연금법 • 사립학교교원연금법 • 교육공무원 인사위원회 규정 • 공무원보수규정 • 공무원 수당 등에 관한 규정 • 교원지위향상을 위한 특별법 • 교원의 노동조합 설립 및 운영 등에 관한 법률 • 국립학교설치령 • 한국교원대학교설치령 • 국립대학법인 서울대학교 설립·운영에 관한 법률 • 대학설립·운영규정 • 국립대학병원설치법 • 기술대학설립·운영규정 • 고등교육기관의 평가·인증 등에 관한 규정 • 대학교원 자격기준등에 관한 규정 • 대학도서관진흥법 • 장애인 등에 대한 특수교육법 • 영재교육진흥법 • 과학교육진흥법 • 도서벽지교육 진흥법 • 교육관련기관의 정보공개에 관한 특례법 • 교육국제화특구의 지정·운영 및 육성에 관한 특별법 • 경제자유구역 및 제주국제자유도시의 외국교육기관 설립·운영에 관한 특별법 • 학교안전사고 예방 및 보상에 관한 법률 • 학교폭력 예방 및 대책에 관한 법률 • 공교육 정상화 촉진 및 선행교육 규제에 관한 특별법 • 인성교육진흥법 • 학교체육진흥법
평생교육 법규	• 평생교육법 • 학원의 설립·운영 및 과외교습에 관한 법률 • 도서관법 • 작은도서관진흥법 • 독학에 의한 학사학위 취득에 관한 법률 • 학점인정등에 관한 법률 • 국민평생직업능력개발법 • 직업교육훈련촉진법 • 독서문화진흥법 • 문화예술교육지원법 • 산학협력법 • 자격기본법 • 영유아보육법 • 아동복지법 • 장애아동복지지원법 • 국민체육진흥법 • 청소년기본법 • 청소년보호법 • 아동·청소년성보호법 • 청소년활동진흥법 • 청소년복지지원법

출처: 고전(2022). p.36.

『교육기본법』에서 교육 이념, 교육 당사자 등에 대한 규정을 찾아보세요.

헌법 개정은 국민 투표를 통해 결정됩니다. 마지막 헌법 개정이 1987년으로 개정에 대한 요구가 있고, 교육 관련 조항에 대해서도 재검토하자는 논의가 제기되고 있습니다. 법률과 조례의 입법과정을 살펴보면, 법률안은 국회의원과 정부가 제출할 수 있습니다. 법률안 준비, 법률안 제출, 위원회 회부와 심사, 본 회의 의결과 공포의 순서를 거칩니다. 조례안은 지방의회 의원과 교육감이 제출할 수 있습니다. 조례안 발의, 상임위원회 심사와 지방의회 심의 및 의결, 이송 및 공포, 보고의 순서를 거칩니다. 이러한 입법과정을 거쳐 교육행정이라는 집행과정이 이루어지고 필요한 경우 사법과정을 거치게 됩니다.

2 교육정책의 개념과 특징

교육법에 이어 교육정책을 살펴보는 것은 법과 정책이 밀접한 관련이 있기 때문입니다. 법과 정책과 교육행정의 관계는 어떻게 될까요?

정부가 추진하는 주요 업무를 '정책'이라고 하려면 법제화되어야 합니다. 법으로 명문화되기 전에 정책이 추진되는 경우도 있습니다. 그러나 오랫동안 지속되는 효력과 구속력은 법제화가 필수입니다. 정부 입법에서도 알 수 있듯이 행정이 정책 기능을 수행하기도 하고, 어떠한 정책이든 구체적인 계획을 세우고 집행하는 것은 행정의 영역입니다.

법적 기반을 갖추고 오랫동안 추진한 교육정책은 교육제도로 인식하게 됩니다. 우리가 학교제도, 대입제도, 교원임용제도라고 하는 것은 그러한 예입니다. 단, 대입제도는 대학입학전형제도가 정확한 표현으로, 현실에서 쓰는 용어와 정확한 법적, 정책적 용어는 다를 수 있습니다. 최근에는 교육행정의 영역에 법률의 침투가 확대, 심화되고 있다는 점에서 법화사회(法化事會)라는 개념도 나타났는데(김용, 2017), 무분별한 법적 규제의 강화보다는 교육적 의미의 법제화를 염두에 두어야 할 것입니다.

교육정책은 교육에 관한 정책으로 '공적인 의사결정'에 해당합니다.

교육에서 달성할 정책목표와 필요한 정책수단에 대하여 정부 기관이 공식적으로 결정한 기본방침입니다. '의사결정'은 5장에서 살펴본 바 있습니다. 의사결정의 모형에는 무엇이 있었나요? 다양한 모형이 정책 결정에도 동일하게 적용될 수 있어 참고하기 바랍니다.

교육정책의 주요 특징을 살펴보겠습니다.

첫째, 교육정책은 중요합니다. 사회적으로 중요한 교육의 문제를 해결하기 위한 접근으로 교육정책은 인식됩니다. 많은 관심이 쏟아지고 의견이 표명됩니다. 교육은 국민 대부분이 경험하고 관계되는 것이기에 다양한 의견들이 제기되고 논의됩니다.

둘째, 교육정책은 복잡합니다. 교육 안팎의 수많은 문제들이 얽혀있고, 다양한 사람들이 관계됩니다. 교육정책이 추진되려면 '돈'이 필요합니다. 재정과도 관련되기에 정책의 우선순위를 매겨야 하고 교육 외 다른 분야와도 경쟁하게 됩니다.

셋째, 교육정책은 가치지향적입니다. 수월성과 형평성, 자율성과 다양성, 공공성과 수용성, 행복과 웰빙(well-being) 등을 지향하면서 추진됩니다. 이러한 가치들을 동시에 추구할 수도 있지만 대체로 경합하고 대부분 하나의 가치에 집중하게 됩니다.

넷째, 교육정책은 정치적입니다. 정책은 정치적인 상황과 역학 관계 속에서 결정되고 집행됩니다. 교육정책은 개인과 집단의 정치적 성향과 정당의 영향을 받으며, 다양한 이해관계 속에서 조정됩니다.

무엇보다 교육정책은 '교육성'을 가져야 합니다. 교육에 관한 정책은 '교육을 위한 정책'이 되어야 합니다(박수정 외, 2021). 경제적 효율성, 다른 문제나 가치를 위한 수단성보다는 교육과 학습에 초점을 두고 교육적 의미를 가져야 합니다. 이를 위해서는 장기적인 비전과 일관성, 그리고 전문성이 필요합니다.

> 내가 중시하는 교육정책의 지향과 가치, 그리고 그 이유는 무엇인가요?

3 교육정책의 과정과 이론

교육정책은 어떻게 결정되고 현장에서 실행될까요? 정책의 과정은 정책 형성, 정책 결정, 정책 집행, 정책 평가의 순서로 볼 수 있습니다(이종재 외, 2015).

교육정책의 과정

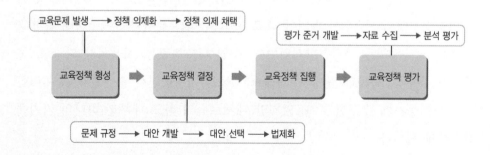

첫째, 정책 의제가 설정되고 검토되는 **정책 형성** 단계로 출발합니다. 교육문제가 발생하여 사회적인 이슈로 부상하며 교육 주체들에게 의제가 되고 정책문제로 채택되는 일련의 과정을 가리킵니다. 정책 의제(agenda)가 설정되는 것이 중요합니다. 특수목적고등학교의 하나인 외국어고등학교의 경우 2007년 입시문제 유출 사건이 있었고 사교육 심화와 외국어 인재 양성 목표의 모호성을 이유로 2009년 외고폐지론이 등장하였습니다. 그리고 2020년을 전후하여 자율형사립고등학교와 함께 경쟁 과열과 일반고등학교 교육의 몰락 문제가 추가되고, 고교학점제 도입으로 학교 다양화보다 교육과정 다양화라는 대안이 부상하면서 또 다시 외고폐지론이 부상합니다(박수정, 정미라, 2022). 정책 형성 단계에서 언론과 국회의원, 교육계 내외의 인사, 전문가, 교원 단체 등이 참여하며, 때로는 우연적인 사건이 영향을 주기도 합니다.

둘째, 정책이 확정되고 구속력을 갖게 되는 **정책 결정** 단계입니다. 교육정책은 어떻게 결정될까요? 기본적으로 합리적인 문제해결의 과정을 지향하지만, 신중하게 점증적으로 때로는 정치적이거나 예기치 못한 사건에 의해 이루어지기도 합니다. 외국어고등학교의 경우 2010년에는 외고 전형 방법 개선과 5년 주기 학교평가 도입 등의 정책이 결정되었고, 2021년에는 외고, 국제고, 자사고의 2025년 일반고 전환 정책이 결정되었습니다. 여기에는 정부의 교육정책 방향이 큰 영향을 미쳤습니다. 의도하는 정책목표가 명시적으로 공표되고 국회의 동의를 거쳐 교육법령에 명문화되는 것으로 정책 결정은 일단락됩니다.

정책의 형성-결정 단계와 관련된 이론들을 살펴보면, 합리 모형의 인과관계를 부정하는 킹던(Kingdon)은 문제의 흐름, 대안의 흐름, 정치적 흐름이 특정한 시점에 정책선도가와 결합하여 **정책의 창**(window of policy)이 열리고 정책 의제로 채택된다고 보았습니다. 정책을 둘러싼 옹호와 연합 모형이 나타나 경합하고 연합하는 **정책 네트워크**(policy network) 이론도 있습니다. 외국의 제도를 참고하여 정책을 만드는 정책 차용(policy borrowing) 현상이 빈번하게 나타나는데, 우리 현실에 적합한지 확인해봐야 합니다. 어떠한 정책이든 이론, 외국 사례, 과거 정책, 현장 요구 등을 면밀하게 분석하여 참고하고, 효과성과 실행 가능성을 확보한 정책 방안을 만들어야 합니다. 또한 정책의 현장으로부터 정책이 제기되고 보완되는 현장출발형(backward-mapping) 접근으로의 전환, 그리고 증거에 기반한(evidence-based) 또는 증거와 합치되는 교육정책이 필요합니다.

셋째, 문서로서의 정책이 현장에서 실현되는 정책 집행 단계입니다. 현장에서 정책을 펼치는 담당자의 측면을 강조하여 정책 실행이라고도 합니다. 주로 교육청의 장학사, 학교의 교사가 정책을 실현하는 실무자가 됩니다. 이 단계에서 정책을 집행하는 일선 관료에 의해 정책이 해석, 변형되고 대응 전략을 편다는 일선 관료제(street bureacracy) 이론, 주인과 이를 대리하는 입장에서 정보 불균형과 대응의 차이가 발생한다는 주인-대리인(principal-agency) 이론이 유용한 설명력을 가집니다. 교육정책의 주요 실행자인 교사들은 정책과 개혁의 내용을 단순히 전달하지 않고, 의미-만들기(sense-making) 과정을 통해 자신만의 이해를 바탕으로 실천한다는 점도 중요합니다(Weick, 1995). 정책 결정에 많은 관심이 집중되지만 정작 정책이 어떻게 집행되는가에 대해서는 관심이 줄어드는 경우도 있습니다. 정책 집행 단계에서 정책 추진 부서의 적극적인 관여와 모니터링이 필요합니다. 정책 이해도를 높이고 정책이 제대로 집행되고 있는지 지속적으로 확인하면서 정책 의도와 실제가 일치하도록 노력해야 합니다. 2010년대 이후 학교를 대상으로 하는 각종 재정지원사업이 많아지면서 교육정책 컨설팅이 많이 이루어지고 있습니다.

넷째, 의도한 정책목표를 도달했는지 확인하는 정책 평가 단계입니다. 정책 평가는 주로 사후적 평가를 떠올리지만, 정책을 집행하기 전에 정책집행 환경을 분석하는 사전평가, 정책이 집행되는 과정에서 이해도를 확인하고 보완책을 마련하기 위한 형성평가, 정책이 집행된 후 그 성과를 분석하는 총괄평가가 있습니다. 정책에 대한 관심이 높은 정책 초기 단계에 비해 정책이 집행된 후 목표를 얼마나 달성했는지 분석하는 정책 평가는 상대적으로 관심이 낮은 편입니다. 교육부와 교육청에서 특정 정책에 대한 연구학교와 시범학교를 대대적으로 운영하고 컨설팅하지만, 정책의 성과를 확인하고 공유하는데 얼마나 노력을 기울이고 있을까요? 주로 학술적 관심으로 정책 성과를 분석하는 연구가 이루어지고 있습니다. 한국교육개발원 등 국책연구기관과 시·도교육청의 교육정책연구소에서 정책평가 연구를 하고 있으나, 정부의 영향력이 있는 기관에서 객관성을 담보하기는 어려운 측면이 있습니다. 교육정책에 대한 객관적인 평가와 이를 통한 적극적인 정책 환류가 필요합니다.

이와 같이 교육정책은 일종의 생애주기로 설명할 수 있습니다. 정책은 오랫동안 지속되어 교육제도로 인식하게 됩니다. 또한 정책의 변동과 소멸이 일어나고, 정부의 방향에 따라 폐지되기도 합니다. 2025년으로 예정된 외고 등의 일반고 전환 정책이 2023년에 취소되었는데, 이는 후자의 예로 볼 수 있습니다.

정책목표를 달성하기 위해 활용하는 영향력과 조치를 정책수단이라고 합니다. 정부가 가진 강제력을 활용하는 권력적 수단, 정부가 확보한 재정적 유인을 제공하거나 재정 부담을 지우는 재정적 수단, 대상 집단을 설득하고 동의를 이끌어내는 규범적 수단으로 분류할 수 있습니다(이종재 외, 2015). 또한 맥도넬(McDonnell)과 엘모어(Elmore)는 정책수단을 법률과 규정으로 제시하는 규제(mandates), 금전적, 비금전적 혜택을 주는 유인(inducements), 장기적인 인적, 사회적, 물적자원을 투자하는 역량 형성(capacity-building), 새로운 시스템을 도입하는 시스템 변화(system-change)로 구분하였습니다(송경오, 2023). 교원정책을 예로 들면, 업무 경감을 위해 공문 없는 날 실시(규제), 작은학교 근무 교원에 대한 인센티브 제공(유인), 교육청 협약 대학원의 교사 수학 지원(역량 형성), 교육지원청 교육장에 대한 주민 추천제(시스템 변화) 등이 있습니다.

기초학력을 보장하는 정책은 어떠한 정책 수단을 생각해볼 수 있을까요?
- 규제:
- 유인:
- 역량 형성:
- 시스템 전환:

교육정책에 관련되는 사람들은 누구일까요? 6장에서 살펴본 거버넌스 관련 집단을 참고하기 바랍니다. 단, 교육 안팎의 다양한 집단이 관계된다는 점, 중앙 정부의 교육부 외 부처와 지방자치단체 및 지역사회와도 관련을 맺고 있다는 점, 국민 여론의 반영이 중요하고 교육계도 정치력을 발휘해야 한다는 점을 상기하도록 하겠습니다. 그리고 과거 교육정책은 주로 '중앙' 정부가 결정한 것이었으나, 이제 '지방' 교육정책의 의미가 커졌습니다.

교육학에서 활용되는 이론은 정책학 이론과 크게 다르지 않습니다. 앞에서 언급한 정책의 창 이론, 일선 관료제 이론, 주인-대리인 이론 외에도 **역사적 제도주의 이론**은 교육정책의 역사적 전개와 특징을 설명하는데 활용되고 있습니다. 제도와 조직의 **동형화**(isomorphism) 및 **디커플링**(decoupling) 현상, **경로 의존성**(path dependency)은 조직과 정책을 설명하는데 유용한 개념입니다. 이 밖에도 **양가성**(ambivalence), **딜레마**(dilemma), **패러독스**(paradox), **게임이론** 등도 교육정책 현상을 설명하는 개념과 이론으로 활용되고 있으며, 푸코의 **통치성** 등 타 분야 이론의 적용도 활발합니다. 너무 많은 개념들을 제시하였지요? 흥미로운 개념을 더 찾아보기 바라며, 교육정책 현상을 설명하고 예측하는 유용한 이론이 더욱 발전하기를 기대합니다.

4 주요 교육정책

교육정책 중에서 국민적 관심이 큰 정책은 무엇일까요?
어떠한 역사적 배경과 과정 속에서 교육정책이 전개되었을까요?

가장 관심이 있거나 궁금한 교육정책과 그 이유는 무엇인가요?

과거의 교육정책은 오늘날의 교육을 만들었고 미래와 연결됩니다.
광복 이후 주요 교육정책을 연대별로 간략히 살펴보겠습니다.

1945년 광복 후 새로운 학교제도를 수립하고 교육의 전반적인 체계를 만드는데 집중했습니다. 3월 신학기제가 시작되었고, 그동안 억눌렸던 교육열을 수용하기 위해 학교를 짓고 교사를 길렀습니다. 국립 서울대학교 등 많은 대학들이 설립되기 시작하였습니다. 중등교사를 전문적으로 양성하는 사범대학 제도가 생기고, 초등교사는 사범학교에서 계속 양성하되 고등학교로 승격되었습니다. 1949년에 『교육법』이 공포되었습니다.

1950년대에는 6-3-3-4제 학제가 시작되었고, 국가교육과정이 제정되었습니다. 문맹을 퇴치하고 초등 의무교육을 달성하는 것이 가장 중요했습니다. 의무교육완성 5개년 계획을 수립하여 추진하였고, 1958년에는 목표를 상회하는 96% 취학률을 달성하였습니다. 한국전쟁 후 미국교육사절단이 방문하여 교사 재교육, 교육과정제정 등 교육원조를 해주었습니다.

1960년대에는 5. 16 군사혁명으로 『교육에 대한 임시특례법』이 공포되고 종전의 교육체계가 일시적으로 중단되는 위기를 맞습니다. 박정희 정부가 출범한 이후 국민교육과 반공교육에 중점을 두었고, 사범학교는 2년제 교육대학으로 승격되었고, 사범대학은 일시 폐지되었다가 부활되었습니다. 중학교 입시 경쟁과 초등생 과외 부담을 완화하기 위해 1960년대 말 중학교 무시험 진학제도가 생겼습니다.

1970년대에는 대도시와 중소도시에 고등학교 평준화 제도가 도입되어 고교 서열화와 과열 입시 경쟁을 해결하고자 하였습니다. 급속한 공업화 진전으로 공업고등학교 특성화를 추진하고 충남대학교에 공업교육대학을 만들었습니다. 원격교육을 위한 고등교육기관으로 한국방송통신대학이 설립되었습니다.

1980년대에는 1979년 12. 12 사태로 정권을 잡은 전두환 정부에서 과외 과열과 재수생 문제 심화를 해소하기 위해 과외 금지, 대학 졸업정원제, 대학 본고사 폐지 등을 단행하였습니다. 과외 금지는 1980년대 후반부터 학원 허용, 이후 대학생 과외 허용 등을 거쳐 위헌판결을 받으면서 역사 속으로 사라졌습니다. 중학교 의무교육이 시작되었습니다.

1990년대에는 교육의 민주화와 질 제고를 위한 정책이 전개됩니다. 1991년에 『지방교육자치에 관한 법률』을 제정하면서 실질적인 지방교육자치를 시작하였고, 대통령 자문기구 교육개혁위원회가 5. 31 교육개혁 등을 발표하고 추진하였습니다. 1998년에 『교육기본법』이 제정되었고, 국민학교가 초등학교로 바뀌었습니다. 교육에 ICT를 활용하는 교육정보화 정책이 추진되기 시작하였습니다. 국제원조를 받던 국가에서 지원하는 국가로 전환됨에 따라 국제교육개발협력을 추진하게 되었습니다.

2000년대에는 사교육 문제가 크게 부상하였습니다. 이에 방과후학교를 도입하고 EBS와 수능을 연계하는 정책을 폈습니다. 사학의 자율성을 위해 자립형 사립고 제도를 시작하고 이는 자율형 사립고로 전환되었으며, 이에 대응하여 자율형 공립고도 생겼습니다. 2000년대 말부터 입학사정관 제도가 도입되면서 수시 전형이 확대되었습니다. 2007년부터 사교육비 실태조사가 매년 실시되어 그 결과와 대책이 발표되고 있습니다. 2002년 중학교 신입생부터 무상교육이 실시되었고, 『영재학교진흥법』을 제정하여 영재학교를 설립하였습니다.

2010년대에는 중학교 자유학기제, 고교학점제가 추진되었습니다. 2010년 고

교체제가 일반고, 특수목적고, 자율고, 특성화고로 정리되었고, 과학고와 외국어고에 5년 주기 평가가 도입되었습니다. 2019년에는 고등학교 3학년부터 무상교육이 시작되었고, 국가교육회의 대입제도 공론화 과정을 거쳐 정시 확대가 결정되었습니다. 혁신학교와 혁신교육지구, 학교자치 등 시·도교육청에서 추진하는 정책이 본격적으로 등장했습니다.

2020년대에는 코로나19로 더욱 심화된 학력저하와 교육격차 문제에 대응하기 위해 『기초학력보장법』이 제정되고 기초학력 증진에 역점을 두고 있습니다. 대통령 자문기구 국가교육위원회가 출범하였습니다. 윤석열 정부는 초등돌봄(늘봄학교), 유보통합, 디지털 교육 혁신, 지역혁신중심 대학지원체계, 대학구조개혁을 중점적으로 추진하고 있습니다. 지난 정부에서 발표한 자사고, 외고, 국제고의 일반고 전환은 취소되었습니다.

교육에서 교육과정이 매우 중요하기에 교육과정정책도 중요합니다. 교육과정령을 통해 국가교육과정이 제정되었고 1차부터 7차까지 교육과정이 공표되었다가 현재는 수시개정 방식으로 진행되고 있습니다. 2022 개정교육과정이 2024학년도부터 순차적으로 적용되고 있습니다. 국민적 관심사인 대학입학전형제도는 대학별 본고사 방식에서 1982년부터 학력고사, 1994년부터 대학수학능력시험이 도입되어 현재에 이르고 있습니다. 학업 성적뿐 아니라 소질과 적성, 잠재력 등을 종합적으로 평가하여 선발하는 입학사정관 제도가 2009학년도부터 도입됨에 따라 수시 전형이 확대되었고, 2019년 교육부 대입제도 공정성 강화방안에서 논술 위주 전형 지양과 수능 중심 정시 확대 방침이 발표되어 주요대학 정시 비율이 40%로 이루어지고 있습니다.

주요 교육정책을 핵심만 살펴보았는데, 교육의 양적 확대에서 질적 성장으로 나아가는 과정을 확인할 수 있을까요? '교육을 위한 법과 정책'이 만들어지고 운영되고 있는지 앞으로 주의깊게 지켜보고 참여해야 할 것입니다.

더 찾아보기

고전(2022). 한국 교육법학. 박영사.
한국의 교육법 체계와 교육법에 대한 학술적 논의를 집대성함.

대한교육법학회 편(2022). 교육법의 이해와 실제. 교육과학사.
교육법의 기초, 주체, 내용, 실제를 체계적으로 소개함.

이종재, 이차영, 김용, 송경오(2015). 교육정책론. 교육과학사.
교육정책의 맥락, 과정, 분석, 이론을 체계적으로 소개함.

정일환, 주철안, 김재웅(2021). 교육정책학. 학지사.
교육정책의 주요 내용과 이론을 체계적으로 소개함.

박수정, 김용, 엄문영, 이인회, 이희숙, 차성현, 한은정(2021). 오늘의 교육 내일의 교육정
    책. 학지사.
학교제도, 사교육, 유보통합, 대입전형 등 주요 교육 이슈 14개를 소개함.

정정길, 이시원, 최종원, 정준금, 권혁주, 김성수, 문명재, 정광호(2023). 정책학원론. 대
    명출판사.
정책학 분야에서 일반적인 정책의 개념과 주요 이론을 확인할 수 있음.

한국교육개발원 교육여론조사(KEDI POLL)
매년 실시되는 교육여론조사로 주요 교육정책에 대한 국민과 학부모 여론을 확인할 수 있
음(한국교육개발원 누리집에서 연구보고서 확인)

더 알아보기

01 관심있거나 궁금한 교육법을 하나 선택하고, 조문을 읽어본 후 주요 내용과 소감을 정리해 보세요.

02 현 정부가 추진하는 주요 교육정책을 하나 선택하고, 교육정책 문서나 언론보도를 통해 정책 문제, 정책 목표, 정책 수단, 법적 근거 등을 정리해 보세요.

03 과거 혹은 현 정부가 추진한/추진하는 교육정책을 하나 선택하고, 교육현장에서 어떻게 진행되었는지/진행되고 있는지 관련자를 면담하여 분석해 보세요.

04 문재인 정부 국가교육회의 주관으로 대입제도와 교원양성체제 등에 대하여 이해관계자들의 논의를 통해 의제를 수렴하는 공론화 과정이 이루어졌습니다. 이것은 교육정책 결정에서 어떠한 특징과 시사점을 가지는지 분석해 보세요.

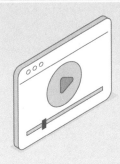

Chapter

08

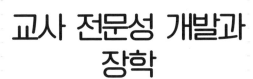

교사 전문성 개발과 장학

교/육/행/정/입/문

Chapter 08
교사 전문성 개발과 장학

1 교사 전문성 개발의 유형

교육행정에서 중요한 인적자원은 누구인가요?

교육을 담당하는 교사로, 전문성을 지속적으로 개발하도록 지원하는 것은 교육행정의 주요 과제입니다. 전통적으로 교육행정의 핵심 주제로 '장학'을 다루어 왔는데, 그에 앞서 교사 전문성 개발을 더 넓게 살펴보고, 이후 장학을 살펴보고자 합니다.

교사 전문성 개발(teacher professional development)은 교사에게 필요한 전문성을 기르는 모든 과정입니다. 인사행정은 조직의 목표 달성에 필요한 우수한 인재를 선발하고, 조직 내에서 그 능력을 지속적으로 개발하며, 직무수행과 직무만족을 가져오는 근무조건을 조성하는 데 초점이 있습니다. 인사행정의 한 영역인 능력개발은 조직의 성과에 직결되고, 전문가로 구성된 학교와 교육인사행정에서 매우 중요한 의미를 갖기에 별도의 장으로 다루고자 합니다.

교사 전문성 개발은 교사가 되기 위해 배우는 양성교육(pre-service education)부터 본격적으로 시작되며, 교직 입문 후에도 계속적으로 이루어집니다. 현직

교육(in-service education)은 교사로서 현직에서 업무를 수행하면서 이루어지는 교육을 의미합니다. 현직교육이 곧 교사 전문성 개발 과정으로 인식되는데, 신임교사 시기에 이루어지는 입직교육/입문교육(induction education)을 포함하여 교직생애 전반에 걸쳐 학습과 성장이 이루어집니다. 현직교육의 가장 대표적인 유형은 연수, 장학, 연구(학습)로 나누어 볼 수 있습니다.

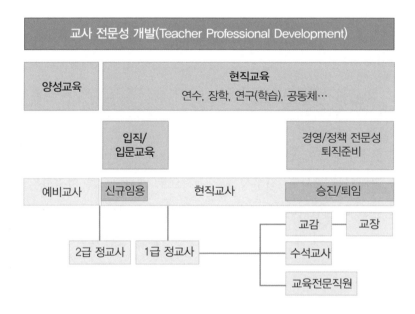

출처: 박수정(2024b). p.34.

연수는 교사의 직무수행 능력을 키우기 위해 배우는 학습의 기회로 자격연수와 직무연수로 대별됩니다. 특정 자격을 취득하기 위해 받는 자격연수는 의무연수이며, 1급 정교사 연수는 교직 임용 3년 이상이 되면 3주 정도 받는 대표적인 연수입니다. 이 밖에 수석교사, 교감, 교장의 자격을 받기 위한 자격연수가 있습니다. 교직을 1급 정교사로 마친다면 더 이상의 공식적인 자격연수는 없습니다. 교육부에서 제정한 자격연수별 표준교육과정을 기준으로, 시·도교육청과 대학의 교원연수원에 위탁하여 운영하고 있습니다. 직무연수는 직무와 관련된 다양한 영역의 연수이며, 개인적으로 선택하여 이수하거나 학교 차원에서 개설하는 연수를 이수하게 됩니다. 연수의 방식에 따라 집합연수와 원격연수가 있으며, 편의성이 높은 원격연수가 많아지는 추세입니다. 질문 하나. 학교에서 책정한 교사 1인당 연수비는 어느 정도일까요? 학교와 교육청에서 기획하는 연수도 있고 무료연수(당연히 비용이 들어가는)도 있으나, 교사가 자유롭게 사용할 수 있는 연수비 규모를 통해 교사 전문성 개발의 현실을 짐작할 수 있습니다. 학교 규모와 사업비에 따라 다르지만 대략 15만원 내외라고 합니다.

장학은 교사의 수업 개선과 전문성 개발을 위해 제공되는 지도·조언으로, 교육기관 고유의 능력계발 방법입니다. 장학은 크게 기관장학과 교내장학으로 구분할 수 있습니다. '장학사가 오는 날'이라며 준비했던 기억은 교육청에서 학교에 대한 감독과 지도적 차원의 장학을 수행하는 기관장학의 예입니다. 교내장학은 학교 단위에서 계획을 세워 수행하는 장학으로, 수업에 초점을 두는 수업장학, 동료교사 간에 이루어지는 동료장학, 간단한 방식으로 이루어지는 약식장학 등 다양한 방법이 있습니다. 실질적인 도움이 되고 현장의 수요에 맞추기 위해, 필요한 교사에게 전문적인 도움을 줄 수 있는 컨설턴트를 연결하는 컨설팅 장학, 학교 차원의 장학과 연수를 활성화하는 방향으로 변화되고 있습니다.

연구와 학습은 교직 수행을 위하여 개인적, 집단적으로 준비하는 모든 활동을 의미합니다. 개인적으로는 수업 준비, 직무에 도움이 되는 독서와 경험, 대학원 공부 등을 포함합니다. 참고로 교원 중 석사학위소지자의 비율은 35%, 박사학위소지자의 비율은 2% 정도이며, 2021년 교육부의 교원양성체제 발전방안에서 교육대학원의 재교육 기능 강화와 실무 중심의 교육학박사(EdD) 신설 검토가 발표되었습니다. 최근에는 집단적인 연구와 학습도 중시되고 있습니다. 교사들이 함께 협력적인 학습을 하는 자생적인 모임을 '교사학습공동체'라 하며, 학교를 교사들이 함께 학습하고 실행하는 공동체, 즉 '전문적 학습공동체'로 만들기 위한 다양한 시도가 나타나고 있습니다.

전문적 학습공동체 진단 도구를 개발한 이석열(2018)은 '교사가 학생들의 성장과 학습증진에 목표를 두고 동료교사와 능동적 학습과 협력을 통해서 교수학습활동을 위한 제반 영역을 탐구하고 지속적으로 개선해 나가는 공동체'로 전문적 학습공동체의 개념을 제시하였습니다. 2010년대 지역적으로 추진된 혁신학교의 중요한 축으로 추진되었고, 항상 필요한 수업 개선의 흐름 속에서 지역을 막론하고 강조되고 있습니다. 이를 통해 교사의 수업 개선, 전문성 개발 그리고 학교변화까지 도모하는 사례가 나타나고 있습니다.

교사들이 함께 학습하면 어떤 이점이 있을까요? 어떻게 하면 이를 촉진할 수 있을까요?

2 교사 현직교육의 쟁점

현직에서 이루어지는 교사교육은 교육의 질에 미치는 영향이 크기 때문에, 적극적이고 효과적인 현직교육에 대한 요구와 기대가 높습니다. 현직교육과 관련된 몇 가지 쟁점을 살펴봅니다.

먼저, 신임교사 교육의 강화입니다. 교직에서 체계적인 입문교육의 부족은 오랫동안 지적되어 왔습니다. 임용 첫날부터 교사로서의 모든 업무를 수행해야 하는 것은 충분히 어려움을 예상할 수 있습니다. 기업은 신입사원을 대상으로 일정 기간 집중적인 직무교육인 OJT(On the Job Training)를 운영하며, 공무원도 임용 후 몇달간 일하면서 배우는 일종의 수습 기간인 시보제도를 두고 있습니다. 이와 비교하면, 교직의 입문교육은 매우 미약합니다. 교직 임용 첫해에 임용 전 연수가 있고, 교육청과 학교에서 계획을 세워 필요한 연수가 이루어지고 있으나, 교직적응과 역량 강화 측면에서 부족하다는 문제가 계속적으로 제기되고 있습니다. 이에 외국에서는 일반적으로 시행되는 **수습교사제** 또는 수습교육제도의 도입(박수정, 김승정, 2019), 현재 시범 운영 중에 있는 **실습학기제** 등 교육실습 기간의 확대나 내용적 강화(박수정, 박정우, 2019)가 대안으로 제안되고 있습니다. 학부 기간 연장 또는 **교육전문대학원** 제도 도입을 할 경우 실습 또는 수습교육을 강화할 수 있습니다. 지금도 신임교사 임용 후 추수연수, 멘토링, 컨설팅, 공동체 등 다양한 방식으로 전문성 개발 지원이 이루어지고 있으며, 효과적인 지원이 대폭 이루어져야 합니다.

다음으로, **교직 생애**에서 필요한 **역량**을 효과적으로 계발하는 것입니다. 연수든 연구든 찾아가면서 학습하는 교사도 있지만, 그렇지 않은 교사들도 있습니다. 너무나 바쁜 경우일 수도 있고, 자기계발 욕구가 낮을 수도 있으며, 자기계발 동기를 촉진하지 못하는 여러 환경적인 문제일 수도 있습니다. 따라서 교사의 성장 동기를 촉진하고 자기계발을 장려하기 위한 여러 가지 방안이 모색되고 있습니다. 그 방안으로는 **교직 생애 단계**(career ladder)에 필요한 연수와 학습기회를 제공하는 것, 개인별·집단별 맞춤형 학습기회, 실질적으로 운영되는 **전문적 학습공동체** 지원, 교사들이 필요로 하는 실질적인 연수 내용과 운영 등이 있습니다(박수정, 2024b).

교사 전문성 개발은 교육청에서 운영하는 **교원연수원**에서 주로 연수의 형태로 공식적인 학습기회를 제공하며, **장학사**가 직접 혹은 컨설턴트를 연결하여 장학을 통해서도 이루어집니다. **대학**에서는 학위과정, 직무연수, 연구와 컨설팅 등을 통해 기여할 수 있습니다. 가장 중요한 곳은 **학교**입니다. 학교 안에서는 주로 연구부에서 연수 계획을 수립하고, 교내장학의 수업공개, 교과연구회 등을 추진합니다. 학습공동체를 통해 협력적인 교사 전문성 개발을 꾀하는 경우도 많습니다. 그러나 기본적으로 업무가 많고, 여러 사업을 수행하는 경우도 많으며, 하루 일과 중 교사들이 함께 할 수 있는 시간을 확보하는 것이 어렵기도 합니다. 학교가 교사 전문성 개발, 교사의 학습과 성장의 핵심이 되어야 하나 익숙한 장면이라고 보기는 어렵습니다. 교사의 역량이 중요하고 역량 강화가 필요하다고 하지만, 교육청 차원에서도 이에 대한 종합적인 접근은 대체로 부족합니다. 연수가 곧 전문성 개발은 아닙니다. 현장 및 실행과의 연계, 성찰 중심, 연구 기반, 집단 개발 등 전문성 개발 동향을 주목할 필요가 있습니다.

교사 전문성 개발은 학교경영의 중요한 부분이며, 교사 학습(teacher learning)이 어떻게 이루어지는 것이 효과적일지 고민해야 합니다. 그리고 교사가 전문가라면, 스스로 계속해서 전문적인 지식과 기술을 기르는 평생학습자여야 합니다. 가슴 속에 품고 있는 '전문적 정체성'을 이끌어내고 발휘하기를 기대합니다.

교사의 학습 동기/전문성 개발 동기를 촉진하려면 어떻게 해야 할까요?

3 장학의 개념과 발달 과정

장학(supervision)은 교사 전문성 개발을 위한 가장 대표적인 방법입니다. 교육조직의 고유한 능력개발 방법이며 이론이기도 합니다. '장학'이라고 하면 무엇이 떠오르나요? 장학사의 학교 방문은 무엇을 위한 것이었을까요?

장학은 교육 현장에서 오랫동안 사용되고 대부분 알고 있는 친숙한 용어이나, 그 정의는 통일되지 못하고 있습니다. 이론과 실제에서, 그리고 외국과 국내에서 개념과 접근은 다소 다른 결을 가지고 있습니다. 미국에서는 장학담당자(supervisor)는 곧 학교장을 가리키며, 우리나라에서 '장학사'는 교육청에서 근무하는 교육전문직원의 명칭이라는 점에서도 알 수 있습니다. 장학의 어원은 '높은 곳(superior)에서 본다(vision)'는 의미이고, 우리는 이를 '장학(奬學)'으로 번역하였는데 이는 '학습을 권장한다'는 뜻입니다. 번역은 잘하였는데 수직적인 이미지가 강한 것은 장학의 내포하는 근본적인 속성 때문일까요, 1948년 문교부 조직에 등장한 '장학사'라는 직제에서부터 시작된 역사 때문일까요?

장학의 정의는 다양하나, '교사의 전문성 개발을 위해 제공되는 전문적인 지도, 조언'으로 제시해봅니다. 교사 전문성의 핵심은 수업 전문성이기 때문에 수업 개선이 초점입니다. 장학의 목적, 주체, 성격, 활동을 살펴봅시다.

장학의 목적은 과거에는 수업 개선, 즉 수업 전문성에 초점을 두었으나, 교사에게 요구되는 전문성(수업, 생활지도, 진로지도, 학급경영 등)이 확대됨에 따라 넓은 의미로 '전문성 개발'을 목적으로 삼고 있습니다. 즉 교사의 전문성 개발을 위한 목적에 맞는 활동이라면 장학의 범위에 포함할 수 있습니다. 그런데 우리나라에서 장학은 학교 전체(교육과정, 학교경영 등)를 대상으로 해 온 역사적 관행이 있다 보니, 교사의 전문성에만 초점을 두는 것은 한국 상황에서 범위가 좁고 실제와 맞지 않는다는 반론이 있고, 반대로 이러한 목적이 더욱 중요하다는 의견도 있습니다. 한편 이러한 초점(수업 개선)은 장학이 아닌 다른 접근(예컨대 연수, 학습, 공동체 등)이 더욱 적절하다고 볼 수도 있습니다. 장학의 본질을 '수업 개선'으로 보는 것은 대부분 일치하는 견해이지만, 이를 포함하여 넓게 '교육활동 개선'으로 보는 경우가 많고, 교육목표, 교육과정, 교육방법, 교과서 등에 관한 장학, 즉 교육내용에 관한 행정을 포함하기도 합니다.

　장학의 주체, 즉 장학을 기획하고 실시하는 주체는 특정한 직위나 상급자에 국한되지 않으며, 자기장학과 같이 자신이 주체가 되는 경우도 있습니다. 따라서 위 정의에는 주체에 대한 언급은 별도로 없으며, 장학의 기능을 수행하는 모든 자가 장학 담당자, 장학의 주체가 될 수 있다는 점이 과거와 달라진 측면입니다. 분명한 것은 '전문성'을 가진 자라는 점입니다.

　장학의 성격, 즉 장학은 '전문적인 활동'이라는 점이 중요합니다. 장학의 전문성이 있는 사람이 이를 수행하거나 전문적으로 수행하는 활동이라는 점에서 '전문적'이라는 표현이 포함됩니다. 장학의 대상인 전문가 교사에게 적합해야 하며, 장학의 내용과 방법 또한 전문적이어야 합니다.

　장학의 활동은 '지도'와 '조언'으로, 그 성격은 동일하지 않습니다. 무엇이 좀 더 수평적인가요? 장학의 '민주성' 및 장학 목적 달성을 위한 수평적 관계가 오랫동안 요구되어 왔지만, 장학에 본래 '지도'의 성격이 내포된다는 점은 장학의 태생적 특성을 보여주는 것이기도 합니다. 이는 장학의 성격을 근본적으로 바꿔야 하는지, 장학의 성격을 인정하고 출발해야 하는지 논의가 필요합니다.

　장학의 발달과정은 어떠할까요?
　공교육제도의 확립과 더불어 장학의 개념이 등장하였고, 관리장학, 협동장학, 수업장학, 발달장학 시기로 구분할 수 있습니다. 또 다시 등장하는 이론들을 주목해 주세요. 기초하는 이론에 따라 장학의 방향이 달라집니다.
　관리장학은 과학적 관리론을 배경으로 하며, 학교운영 전반에 대한 감독에 초점을 두었습니다. 협동장학은 인간관계론을 배경으로 하며, 인간적이고 민주적인 장학에 초점을 두었습니다. 장학 담당자는 교사를 돕는 조력자로서 교사의 능동적인 참여를 중시하여, 최소한의 장학, 방임적 장학을 초래하기도 하였습니다. 수업장학은 행동과학론을 배경으로 하며, 수업 효과 증진에 초점을 두었습니다. 장학 담당자는 교육과정 개발자, 교과 전문가이며, 임상장학, 마이크로티칭 등이 강조되었습니다. **발달장학**은 새로운 과학적 관리론과 인간자원론을 배경으로 하며, 교사의 능력 개발을 통한 직무수행 증진 혹은 자아실현에 초점을 두었습니다. 리더십으로서의 장학 개념이 등장하였고, 다원화된 장학의 시대를 맞고 있습니다.

이론의 연결

- 과학적 관리론/관료제론 ─ 공식조직 ─ 과업중심 리더십 ─ X이론 ─ 관리장학
- 인간관계론 ─ 비공식조직 ─ 인간 중심 리더십 ─ Y이론 ─ 협동장학
- 행동과학론 ─ 상황적 리더십 ─ 수업장학
- 다원론 ─ 변혁적 리더십 ─ 발달장학

우리나라의 장학 발달은 어떨까요? 기본적으로는 이와 유사한 경향을 보인다고 할 수 있으나, 자세히 들여다보면 이러한 장학의 시대별 특징이 혼재되어 나타나고 있다고도 볼 수 있습니다. 장학은 광복 후 '**장학사**'라는 명칭이 문교부 직제에 생기면서 처음 나타났고, 장학의 정의나 장학사의 역할은 명확하게 규정되지 않았습니다(윤명선, 2022). 장학에 대한 전문서로 백현기의 『**장학론**』이 1961

년에 출간되었는데, 이 책에서도 '민주적 장학'이 필요하다고 하였습니다. 오랜 세월이 지났지만 여전히 장학의 '관료적 성격'에 대한 비판이 있으며, 교사를 돕는다는 취지가 최소한의 장학, 방관적 장학을 낳기도 합니다. 최근 분권화 방향 속에서 학교 중심의 장학, 전문가의 장학이 강조되고 있으며, 장학활동 자체가 점차 약화, 축소되는 경향도 나타나고 있다는 점도 눈 여겨볼 필요가 있습니다(권희청, 박수정, 2022).

미국에서 장학의 목적은 '학교가 학생의 성취를 더욱 효과적으로 돕게 하는 것'입니다(Sergiovanni & Starratt, 2007). 즉 교수 역량, 교수의 질, 학생의 적극적 참여를 통해 '학생의 학업성취'로 귀결되는 것이 장학의 목표라는 점은 우리와 다른 측면을 보여줍니다. 장학의 '역할(role)' 보다 '기능(function)'에 초점을 둡니다. 장학 담당자는 기본적으로 학교장이며 장학의 리더십을 가진 지도자를 설정하고 있어 장학은 곧 수업 리더십으로 이해되고 있습니다. 또한 장학은 직접적인 면대면 피드백 외에도 그 범위가 넓어지고 있습니다.

교사는 어떠한 방향과 방법으로 역량을 기르고 싶을까요? 무엇이 효과적일까요?

4 장학의 유형과 방법

장학의 유형은 기준에 따라 다양하게 분류할 수 있는데, 장학을 실시하는 주체 내지 단위인 중앙, 지방, 학교 수준으로 나누어 살펴봅니다.

중앙 장학은 국가 수준의 장학행정으로, 교육부에서 기획, 운영하는 장학입니다. 2008년부터 추진한 학교자율화 정책의 일환으로 교육부의 장학지도 권한이 삭제된 2012년 『초·중등교육법』 개정으로 인해 중앙 장학의 의미는 상실되었습니다. 개별 학교를 대상으로 하는 장학지도권은 사라졌으나, 국가적으로 중요한 교육과정 정책을 추진하면서 컨설팅의 방식으로 장학 기능을 수행하는 경우는 있습니다. 또한 장학을 교육내용에 관한 행정으로 본다면 국가적인 교육과정 관리와 교과서 행정도 여기에 포함될 수 있으며, 총체적인 학교교육에

대한 질 관리에 있어서 국가의 역할이 강조된다면 상당한 비중을 가질 가능성
이 있습니다.

　지방 장학은 지방 수준의 장학행정으로, 시·도교육청이 장학 계획을 세우고
학교를 직접 지원하는 교육지원청을 통해 실시하는 장학입니다. 최근 지방 장
학은 교육청 장학사가 담당하는 학교를 대상으로 직접 실시하는 장학(담임 장
학)과, 교육청에서 컨설턴트를 연결해주는 장학(컨설팅 장학)으로 대별됩니다.
학교교육에 대한 지방 분권 강화에 따라 지방 장학의 역할이 중요해졌으나, 교
육청에서 장학의 역할과 비중이 높다고 보기는 어려운 상황입니다. 중앙 장학
과 지방 장학은 '기관 장학'에 해당합니다.

　학교 장학은 '교내 장학'으로, 학교에서 자체적으로 이루어지는 가장 실질적
인 장학입니다. 교육청의 장학 방침과 계획을 바탕으로 교내에서 자율적으로
계획을 세워 추진하고 실행하는 장학입니다. 최근 교내 장학은 전문적 학습공
동체를 중심으로 이루어지는 경우가 많으며, 일부 교사의 지정 수업 공개보다
는 모든 교사의 수업 공개와 나눔을 권장하는 추세입니다. 지구별 자율장학의
형태로 인근 학교들을 묶어 장학을 하는 사례도 있습니다.

　장학의 방법을 분류하는 기준은 다양한데, 교내 장학을 중심으로 살펴보면,
임상장학, 동료장학, 컨설팅, 멘토링, 튜터링 등이 있으며, 전문적 학습공동체
에서 이루어지는 수업 개선 및 협력 활동도 장학에 포함시킬 수 있습니다. '자
기장학'이라 하여 스스로 계획을 세우고 실천하는 것도 포함하기도 합니다. 교
사들은 주로 어떤 장학이 도움이 된다고 할까요? 장학 중에서 선택하라고 하면
대체로 동료장학에 대한 선호도가 높게 나타납니다.

좀더 알아볼 장학의 방법으로, **임상 장학**(clinical supervison)은 장학담당자와 교사의 수평적이고 협력적인 관계를 전제로 수업 전 협의, 수업 참관, 수업 후 협의를 기본으로 하는 체계적인 장학 방법입니다. 1970년대 코간(Cogan)이 8단계 절차를 제안한 이래 미국에서는 대표적인 장학 방법으로 알려져 있습니다. 우리나라에서는 임상 장학이 가능할까요? 장학 외 업무가 많은 장학사는 어려워도 수석교사나 컨설턴트가 신임교사 또는 필요로 하는 교사를 대상으로 할 수 있을 것 같습니다.

글레손(Glatthorn)이 제시한 **선택적 장학**(differentiated supervision)에서는 세 가지 형태의 장학을 제안하고 있는데, 집중적 개발, 협동적 개발, 자기 주도적 개발로 특정한 단계와 수준에 있는 교사들이 선택 가능한 옵션입니다. 신임교사 혹은 전문성 개발이 필요한 교사에 대한 집중적인 장학, 학습공동체를 통한 동료장학, 독립적인 전문성 개발 계획 등 우리에게도 시사점이 있습니다. 글릭맨(Glickman) 등이 제안한 **발달 장학**(developmental supervision)은 교사의 발달 수준에 따라 지시적 장학, 지시적 정보제공 장학, 협력적 장학, 비지시적 장학을 제시하고 있습니다. 교사의 선택권, 의사결정 책임, 전문성, 헌신이 높은 비지시적 장학이 되도록 교사의 발달단계를 높일 것을 제안하였습니다.

2010년대 이후 대대적으로 실시되고 있는 **컨설팅 장학**은 학교컨설팅의 원리와 방법을 채용한 장학으로, 의뢰인(컨설티)이 의뢰한 과제에 대하여 전문가(컨설턴트)를 연결하는 장학 방법으로 도입되었습니다. 학교컨설팅은 **자발성**에 기초한 학교변화의 방법론으로 등장하였는데, 이것이 장학과 결합하게 된 것은 그동안 장학이 가진 위계적, 형식적 측면을 타파하고 실질적인 도움을 주고자 한 것입니다. 명칭은 외래어이나 우리나라에서 탄생한 한국적인 장학입니다. 장학이 지닌 '지도'적인 성격과 충돌하는 지점이 있었으나, 전문가(대부분 교사)에 의한 협력적인 전문성 개발의 장을 열었다는 점에서 의미가 있습니다. 박수정

(2015)은 컨설팅 장학의 원리로 컨설턴트의 '전문성 기반', 컨설티(의뢰인)의 '주체성 발휘', 컨설턴트와 컨설티 간의 '진정한 협력', 컨설턴트와 컨설티 양자의 '전문성 강화'를 제안한 바

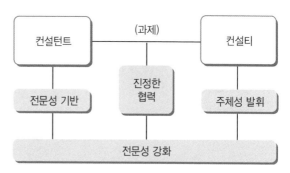

있습니다. 수석교사제 도입과 교사 컨설턴트의 발굴로 더욱 발전하였는데, 학교 현장에서는 컨설팅 장학보다 수업 컨설팅이라는 표현을 선호하는 것을 볼 때, 장학에 대한 오랜 거부감을 확인할 수 있습니다. 컨설팅은 수업 외에도 생활지도, 학급경영 등 다양한 주제로 이루어지며, 재정지원이 이루어지는 각종 사업에서도 컨설팅이 수반되고 있습니다. 분야별 전문성을 가진 교원이 컨설턴트가 되기 때문에, 컨설턴트로서의 성장과 기여에 관심을 갖기 바랍니다.

장학이 본래의 목표를 달성하려면 무엇이 필요할까요?

　　이제 장학사가 오는 날은 청소하지 않아도 될까요, 청소만 하면 되는 날일까요? 장학사는 앞으로도 와야 할까요, 오지 말아야 할까요? 장학이 교사 전문성 개발을 위한 교육조직의 고유한 방법이지만, 다양한 방식으로 전문성 개발이 이루어지는 상황에서 근본적인 재검토가 필요합니다. 분명한 것은 장학이 지향하는 바는 여전히 중요하다는 것입니다.

참고하기

교사 4C 역량 측정 도구

서울특별시교육청 교원종단연구의 교사 역량을 측정하기 위한 문항으로 개발되었고, 교사에게 요구되는 4C 역량의 주요 내용을 확인할 수 있음.

요인	문항
창 의 성	1. 나는 일을 할 때 남들과 다른 방법을 적용하는 편이다. 2. 나는 남이 생각하지 못한 질문을 많이 한다. 3. 나는 문제가 발생했을 때 여러 가지 대안을 생각한다. 4. 나는 수업을 구상할 때 새로운 아이디어를 적극적으로 받아들인다. 5. 나는 새롭고 색다른 수업을 만들어내는 데 능숙하다.
비 판 적 사 고	6. 나는 일단 방침이 정해졌더라도 더 나은 결과를 위해 지속적으로 생각해 본다. 7. 다른 사람의 의견을 들을 때 객관적인 근거가 있는지 확인해본다. 8. 나는 어떤 일을 결정하기 전에 예상되는 결과를 미리 생각해 본다. 9. 나는 사람들이 당연하다고 인정하고 있는 것에도 종종 의문을 갖는다. 10. 어떤 상황이 내 생각과 다르더라도 그것이 사실이라고 밝혀지면 그것을 받아들인다. 11. 나는 만약 내가 확실하게 잘못한 것이 있다면 기꺼이 인정한다.
의 사 소 통	12. 나는 상대방과 의견이 다를 때 어떤 점이 내 의견과 다른지 파악한다. 13. 나는 상대방의 말과 함께 얼굴 표정과 행동에도 집중하면서 듣는다. 14. 나는 나와 다른 생각이나 관점을 가진 사람의 의견도 열린 마음으로 듣는다. 15. 나는 학생이 솔직하게 말할 수 있도록 편안한 분위기를 만든다. 16. 나는 학생과 대화를 할 때 그 학생의 입장이 되어 본다. 17. 나는 다른 사람들과 자주 대화하면서 다양한 생각을 공유하려고 노력한다.
협 업	18. 나는 공동의 목표 달성을 위해 다양한 사람들과 존중하면서 효과적으로 협력한다. 19. 나는 협동 작업에서 책임을 공유하고 다른 사람이 기여한 부분의 가치를 인정한다. 20. 나는 함께 일할 때 내가 가진 지식과 정보를 다른 사람과 공유한다. 21. 나는 함께 일할 때 다른 사람이 가진 지식과 정보를 수용하고 활용한다. 22. 나는 학교의 제반 업무에 대해 다른 교사들과 적극적으로 협조하고 지원한다. 23. 나는 다른 학급이나 학년, 교과의 공동 활동에 적극적으로 참여한다. 24. 나는 학생의 학업수행 및 학교생활에 대해 동료들과 협의하고 자문을 구한다. 25. 나는 학급의 중요한 일에 대해 학생들과 협의하고 의견을 구한다.

출처: 박수정, 박상완, 이현정, 박정우, 김경은(2020). 교사 4C 역량의 측정도구 개발 연구. 한국교원교육연구, 37(2). 167−192.

전문적 학습공동체 진단도구

전문적 학습공동체를 구성하는 요인과 주요 내용을 확인할 수 있음.

요인	문항
학생의 성장과 학습증진	1. 교사들은 학생의 성장과 학습증진을 목표로 하는 비전과 가치를 공유한다. 2. 교사들은 학생들의 학습과 성장에 가치를 둔다. 3. 교사들은 '학습'에 어려움을 겪는 학생들에게 필요한 시간과 지원을 제공한다. 4. 교사들은 학생의 전인적 성장을 위해 노력한다.
협력문화	5. 교사들은 수업개선을 위해 서로 협력한다. 6. 교사들은 서로 간에 조언을 듣거나 도움을 받을 수 있다. 7. 교사들은 학생의 학습 및 학생지도에 필요한 평가 기준과 방법을 공유한다. 8. 교사들은 서로 간에 상호존중과 협력적인 관계를 형성하고 있다.
집단탐구	9. 교사들은 전문성 개발을 위해 동료 교사와 함께 탐구한다. 10. 교사들은 교수학습 전략을 동료 교사와 함께 개발한다. 11. 교사들은 새로운 기법과 수업모형 적용을 위해서 함께 팀 학습 활동을 한다. 12. 교사들은 학생들의 학습과 성장을 위한 공동의 방법을 함께 연구한다. 13. 교사들은 데이터 및 관련 정보를 기반으로 교육 활동에 관한 결정을 함께 내린다. 14. 교사들은 학생의 인성교육과 생활지도를 위한 방법을 함께 구상한다.
실천과 지속적 개선	15. 교사들은 학습공동체에서 배우고 익힌 내용을 수업에 적용한다. 16. 교사들은 서로 간에 교수–학습과 생활지도 문제에 관한 피드백을 수용하고 적용한다. 17. 교사들은 수업개선을 위해 학습자에게 적합한 교수법을 적용해서 수업한다. 18. 교사들은 학생들의 성장과 학습증진을 위해 다양한 시도를 한다. 19. 교사들은 학생의 성장과 학습 향상의 결과를 토대로 전반적인 학습공동체 활동을 진단한다. 20. 교사들은 학생들의 수행 결과를 기반으로 교수 학습 개선책을 학습공동체에서 마련한다. 21. 교사들은 학생들의 성장과 학습을 위한 지속적인 논의와 토론에 참여한다. 22. 교사들은 학생의 성장과 학습상태를 점검하고 부족한 부분을 개선해 나간다. 23. 교사들은 학생 수행 결과를 중심으로 교육목표 달성 정도를 지속적으로 모니터링 한다. 24. 교사들은 학습공동체의 나아갈 방향을 고찰하기 위해 계속 노력한다.

출처: 이석열(2018). 교사의 전문학습공동체 진단 척도 개발 및 적용. 교육행정학연구, 36(2), 201–228.

더 찾아보기

박수정(2021). 교사의 전문성은 어떻게 길러지는가. 박수정 외. 오늘의 교육 내일의 교육
　　정책. 학지사.
교사의 양성교육, 임용, 현직교육의 주요 내용과 쟁점을 소개함.

박수정(2024). 교직 생애와 성장. 박수정 외. 교사론과 교직실무. 박영스토리.
교직 생애와 교사 전문성 개발의 주요 내용을 확인할 수 있음.

백현기(1961). 장학론. 을유문화사.
최초의 장학 전문서로 장학의 개념과 방법, 방향을 소개함.

박상완(2021). 교사와 교사교육. 박영스토리.
교사교육의 이론과 현황, 교사의 역할과 역량 등을 체계적으로 정리하였음.

이혁규(2022). 한국의 교사와 교사되기. 교육공동체벗.
교사양성교육을 중심으로 평생학습자로서의 교사, 학습공동체를 제시하고 있음.

함영기(2023). 교사, 학습공동체로 미래교육을 상상하다. 한울림.
교사 전문성과 학습공동체, 학교 리더와 학습조직 등을 현장감 있게 소개함.

Glickman, C. D., Gordon, S. P., & Ross-Gordon, J. M. (2013). *SuperVision
　　and instructional leadership: A developmental approach 9th eds..*
　　Allyn & Bacon/Longman Publishing, 정제영 외 역(2018). 장학과 수업 리더
　　십. 아카데미프레스.
발달 장학과 실행 연구 등 최근 장학과 수업 리더십 동향을 소개함(10판 발행됨).

더 알아보기

01 시·도교육청의 교원연수원 누리집을 방문하여 운영하고 있는 교사 전문성 개발 프로그램을 조사하고, 그 특징을 분석해 보세요.

02 교육청 장학사의 업무 중 장학의 내용과 비중은 얼마나 되는지, 연구자료나 장학사를 조사해 보세요. 장학 업무를 더 많이 수행해야 할지, 장학사의 이름을 바꿔야 할지 의견을 제시해 보세요.

03 교원 중 석사학위 소지자 비율은 약 35%, 박사학위 소지자 비율은 약 2%입니다. 전문가에게 적절한 비율일까요? 교사가 학위를 갖는 것의 의미와 이를 독려하고 활용하는 방안은 무엇일지 의견을 제시해 보세요.

04 신임교사의 역량 강화와 교직 적응을 위한 효과적인 방법과 내용을 임용 전후, 발령 후 근무기간 등 시기별로 구체적으로 설계해 보세요.

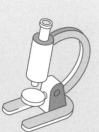

Chapter

09

교육인사행정

교/육/행/정/입/문

Chapter **09**

교육인사행정

1 교육인사행정의 개념과 원리

교육을 위하여 직무를 수행하는 사람은 누가 있을까요?

학생을 직접 지도하는 교사가 가장 많은 수를 차지하지만, 교사 외에도 학교의 구성원은 다양합니다.

학교와 교육청에서는 누가 일하고 있을까요?

• 학교:

• 교육청:

공공조직의 인적자원에 대한 행정을 인사행정이라 합니다. 인사(人事)는 '사람의 일'로, '인사가 만사(萬事)'라는 말이 있을 정도로 중요합니다. 민간조직에서는 인사관리라 하며, 조직의 성격 때문에 비슷하면서도 차이가 있습니다. 또한 일반적인 공공조직과 교육조직의 인사행정도 공통점과 차이점을 예상할 수 있습니다.

　　어떤 조직이든 유능한 사람을 채용하고, 능력을 발휘하고 개발하도록 하며, 만족하면서 근무할 수 있게 하고자 합니다. 이것이 인사행정의 기본적인 과업 이며, 이를 통해 조직의 생산성에 기여하는 것이 일반적인 목표입니다. 그리고 조직구성원의 성장과 발전에도 기여한다면 조직적 차원과 개인적 차원의 목표 를 모두 달성하는 것이 되겠지요.

　　교육인사행정은 교육에 필요한 인적 자원에 대한 행정입니다. 학교교육과 행 정에 종사하는 교육직원(교직원)에 대한 행정으로, 교원과 직원을 교직원이라 하며, 교육의 질을 높이는 중요한 인적자원입니다. 교육인사행정의 대상은 교 직원 전체이며, 교육을 담당하는 교원에 관한 행정이 중심이 되어 왔습니다.

　　교육인사행정의 원리로 가장 중요한 것은 무엇일까요?
　　전문성입니다! 교사 전문성 개발과 장학을 별도로 먼저 살펴본 이유입니다. 전문성 확보와 촉진은 교육인사행정에서 가장 큰 지향점이며, 궁극적으로 교 육의 질적 제고를 위한 원리로 볼 수 있습니다. 또한 개인의 전문성과 적성, 희망을 고려한 업무 배정 등 적재적소 배치, 인력의 수요와 공급을 조절하는 적정 수급이 필요합니다. 다음으로 연공주의와 실적주의의 조화입니다. 공공조 직은 대체로 안정성을 위해 일정 기간 근무한 것을 급여와 승진으로 보상하는 연공주의가 기본입니다. 그러나 실적이 높은 자를 격려하고 보상하는 실적주의 도 함께 적절하게 고려해야 합니다. 경력에 따라 급여가 상승하는 호봉제 기반 의 보수제도를 운영하면서도, 일반 공무원과 동일하게 교원 성과급을 도입하 였습니다. 공정성도 중요합니다. 업무 분장(양과 난이도), 연수, 포상 등에 있어 서 적절하게 분담하고 기회가 고르게 제공되어야 합니다. 배치와 평가, 승진에 있어서도 공정성과 객관성이 담보되어야 합니다. 직무 동기와 성장 동기를 촉 진하고 격려하는 것, 동기유발도 중요합니다.

교직원의 분류를 법령에 근거하여 살펴보겠습니다.

교원은 학교의 경우 교사와 수석교사, 교감(원감), 교장(원장), 대학의 경우 조교와 조교수, 부교수, 교수, 부총장, 총장을 포함합니다. 국공립학교 교원은 교육공무원이고, 사립학교 교원은 자격과 복무 등에 있어서 교육공무원의 규정을 준용하고 있습니다. 교육공무원은 법관, 검사, 외무공무원, 소방공무원, 군인 등 특수 분야의 업무를 담당하는 특정직공무원에 해당하며, 국가공무원입니다.

교원이 담당할 수 있는 직위로 장학사, 장학관, 교육연구사, 교육연구관이 있는데, 이를 교육전문직원이라 합니다. 교육청이나 교육부에 근무하고, 소속기관과 직급에 따라 다르게 부르며, 주로 교육행정과 정책을 담당합니다. 교원이 교육전문직원으로 있는 동안은 교육감 소속의 지방공무원으로 전환됩니다.

직원은 행정사무를 담당하며, 국공립 소속은 공무원, 사립 소속은 법인 직원입니다. 정부와 국립학교에서 근무하는 국가공무원, 교육청과 공립학교에서 근무하는 지방공무원은 일반직공무원(교육행정 직렬의 공무원)입니다. 이 밖에도 교무행정사, 돌봄전담사, 교육복지사, 전문상담사, 조리원, 시설관리직 등 교육업무를 지원하는 교육공무직원(교육감 소속 근로자)이 있습니다.

『교육기본법』 제20조(교직원의 임무)
① 교장은 교무를 총괄하고, 민원처리를 책임지며, 소속 교직원을 지도·감독하고, 학생을 교육한다.
② 교감은 교장을 보좌하여 교무를 관리하고 학생을 교육하며, 교장이 부득이한 사유로 직무를 수행할 수 없을 때에는 교장의 직무를 대행한다. 다만, 교감이 없는 학교에서는 교장이 미리 지명한 교사(수석교사를 포함한다)가 교장의 직무를 대행한다.
③ 수석교사는 교사의 교수·연구 활동을 지원하며, 학생을 교육한다.
④ 교사는 법령에서 정하는 바에 따라 학생을 교육한다.
⑤ 행정직원 등 직원은 법령에서 정하는 바에 따라 학교의 행정사무와 그 밖의 사무를 담당한다.

이 밖에 교육감은 선출직으로 정무직공무원, 교육감 비서는 별정직공무원입니다. 참으로 다양하고 복잡한 구성이지요!

교직원의 규모와 분포는 얼마나 될까요?

2022년 기준으로 정규 교원은 약 43만명(62.8%), 일반직공무원은 5.4만명(7.8%)으로 약간 줄고 있습니다. 비정규 교원은 7.9만명(10.9%), 교육공무직원은 12.9만명(18.5%)으로 지속적인 증가세를 보이고 있습니다. 교육공무직원의 직종은 시도별로 22개부터 49개까지 있습니다(김혜진 외, 2023).

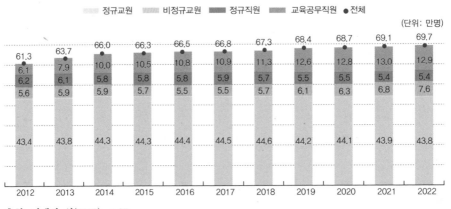

학교 구성원 현황(2012-2022)

출처: 김혜진 외(2023). p.27.

2 교육인사행정의 주요 내용

교육인사행정의 주요 내용을 교원을 중심으로 살펴보겠습니다.

헌법에 교육 법률주의 대상으로 '교원의 지위'를 명시하고 있습니다. 교원에 관한 기본적인 사항은 『교육기본법』 제14조에 규정되고, 『초·중등교육법』, 『고등교육법』, 『사립학교법』, 『교원지위에 관한 특별법』 등이 교육인사행정의 기초가 됩니다. 또한 신분에 따라 교원은 『교육공무원법』, 일반직공무원은 『국가공무원법』과 『지방공무원법』에 의거하여 운용됩니다.

『교육기본법』 제14조(교원)
① 학교교육에서 교원(敎員)의 전문성은 존중되며, 교원의 경제적·사회적 지위는 우대되고 그 신분은 보장된다.
② 교원은 교육자로서 갖추어야 할 품성과 자질을 향상시키기 위하여 노력하여야 한다.
③ 교원은 교육자로서 지녀야 할 윤리의식을 확립하고, 이를 바탕으로 학생에게 학습윤리를 지도하고 지식을 습득하게 하며, 학생 개개인의 적성을 계발할 수 있도록 노력하여야 한다.
④ 교원은 특정한 정당이나 정파를 지지하거나 반대하기 위하여 학생을 지도하거나 선동하여서는 아니 된다.
⑤ 교원은 법률로 정하는 바에 따라 다른 공직에 취임할 수 있다.
⑥ 교원의 임용·복무·보수 및 연금 등에 관하여 필요한 사항은 따로 법률로 정한다.

이러한 근거를 바탕으로, 교원의 충원, 배치, 전직, 승진, 평가, 보수 등의 주요 내용을 간략히 살펴봅니다(최진경, 2024).

충원은 유능한 교원을 확보하고 선발하는 것입니다. 교원은 자격제도에 기반하며, 교사는 대부분 교사양성과정을 거쳐 자격을 취득합니다. 초등교사 자격은 교육대학에서, 중등교사와 비교과(보건, 사서, 상담, 영양) 교사 자격은 대부분 사범대학과 일반대학 교직과정, 교육대학원을 통해 『교원자격검정령』에 규정된 소정의 양성교육을 이수한 후 취득합니다. 교사 자격은 요건을 갖추면 발급되는 무시험검정입니다. 이수학점, 성적, 교직 적성 및 인성 검사, 응급처치 및 심폐소생술 실습 등이 기준입니다. 교사양성과정을 이수한 후 받는 교사 자격은 2급 정교사 자격이고, 일정 기간 교육경력(대체로 3년 이상)을 쌓은 후 소정의 재교육을 받으면 1급 정교사 자격증을 취득합니다.

우수한 교사를 확보하려면 어떻게 해야 할까요?

교사의 신규채용은 1991학년도부터 공개전형인 '교육공무원 임용후보자 선정 경쟁시험'(약칭 '임용시험')을 통해서 이루어지고 있습니다. 국가가 교원 수급 계획을 수립하고 시·도교육청에 임용시험을 위탁하면 그에 따라 필요한 인원을 선발·임용하고 있습니다. 국립학교의 장은 해당 학교가 소재하는 교육감에게 위탁하여 실시하고, 사립학교도 2023년부터 1차 필기시험을 위탁하고 있습니다.

임용시험은 1차와 2차로 나뉘고, 1차는 필기시험으로 한국교육과정평가원에서 출제하여 전국 공통이며, 2차년 교육청별로 실시합니다. 1차에서 교직/교육학(20점)과 교육과정(80점)을, 2차는 교직심층면접, 수업과정안작성, 수업실연, 영어수업실연(초등), 영어면접(초등)을 평가합니다. 교직적성 심층면접은 교사로서의 적성, 교직관, 인격 및 소양을 평가하고 수업능력 평가는 교사로서의 의사소통 능력과 학습지도 능력을 평가합니다. 시험 결과를 바탕으로 임용후보자 순위명부를 작성하고, 고순위자 순으로 임용합니다.

배치는 근무할 학교를 배정하는 것입니다. 학교를 옮기는 것을 전보(轉補)라고 하며, 교원을 같은 직위 및 자격에서 근무기관이나 부서를 달리하여 임용하는 것입니다. 장기근무로 인한 침체를 방지하고 능률적인 직무수행 및 능력을 갖춘 교원을 적재적소에 배치하기 위해 순환전보제를 운영하고 있습니다.

전직(轉職)은 교육공무원의 종류와 자격을 달리하여 임용하는 것으로, 교사, 교감, 교장이 교육전문직원, 즉 장학사(관), 교육연구사(관) 등으로 신분이 변경되는 경우이며, 그 반대도 해당됩니다. 교육전문직원은 공개경쟁시험을 거쳐 임용하는데 기본 소양 평가, 역량평가를 포함합니다. 이 밖에 일정 기간 근무 장소(교육행정기관, 교육연구기관 등)를 달리하여 교육정책 개발, 교육행정 및 교육연구 등의 특정한 업무를 수행하는 교사 파견, 교직경력 10년 이상 교원 중 선발하여 1년간 자유롭게 연수 및 연구활동을 하도록 하는 교원 특별연수(학습연구년) 제도가 있습니다.

승진(昇進)은 직위의 등급이나 계급을 올려 임용하는 것으로, 교사에서 교감으로, 교감에서 교장으로, 장학사에서 장학관으로, 교육연구사에서 교육연구관으로 오르는 경우입니다. 교감으로 승진하기 위해서는 먼저 교감자격연수대상자로 지명을 받고 교감연수를 통해 교감자격을 취득한 후 교감승진후보자명부에 등재되어야 합니다. 교감자격연수대상자 지명은 승진평정점을 기초로 순위를 결정하고, 면접을 통과한 교사 중 최종 대상자를 선정합니다. 승진평정점의 구성은 총경력제에 의한 최대 20년의 경력평정, 최근 5년 이내 유리한 3년을 반영하는 근무성적평정, 교육성적과 연구실적을 합산한 연수성적 평정과 공통가산점(교육부지정 연구학교 근무 등)과 선택가산점(명부작성권자가 인정하는 실적 등)으로 이루어집니다.

교감에서 교장으로 승진하기 위해서는 일정 기간 교감 근무 후 교장자격연수대상자로 지명을 받고 교장연수를 통해 교장자격을 취득해야 합니다. 그 후 교장 승진평정을 통해 교장임용후보자명부 순위가 높은 사람부터 차례로 결원된 인원의 3배수의 범위에서 승진 임용 또는 승진 임용을 제청하고 대통령의 재가에 의해 임용됩니다. 교장은 4년간 2회 총 8년간의 임기제로 운영되며, 공모제로 임용되는 기간은 제외됩니다. 이 밖에 개별 학교가 해당 학교의 요구와 특성을 반영하여 교장 후보자를 공개모집하고 공정하고 민주적인 심사 절차를 거쳐 교장임용후보자를 선발하는 교장공모제가 있습니다. 유형은 초빙형(교장자격 소지자), 내부형(교육 경력자), 개방형(교원자격 없음)이 있습니다.

관리직이 아닌 교사로서 취득할 수 있는 최고의 전문적 자격으로 수석교사가 있습니다. 수석교사제는 2012년부터 도입되었고, 15년 이상의 교육경력 및 1급 정교사 자격을 갖춘 사람에 한해 임명되며 임기는 4년입니다. 교과 및 수업 전문성이 탁월하고 자신의 전문성을 다른 교사와 공유할 수 있는 의지와 역량을 갖춘 교사 가운데 선발되고, 재임용은 4년의 근무경력에 대한 업적평가 및 역량평가를 통과하여야 합니다. 수석교사는 수업을 일부 담당하면서 동시에 교내 장학활동, 수업방법과 학습자료 개발·보급, 초임교사 지도와 교·내외 연수 주도, 교직 상담 등의 역할을 수행합니다.

평가는 배치와 승진, 보상 등을 위한 행정적 기능이 있지만, 능력개발을 촉진하는 역할도 있습니다. 교사들은 어떤 평가를 받고 있을까요?

교사의 역량 강화에 실질적으로 도움이 되는 평가는 어떤 것일까요?

교원에 대한 평가는 근무성적평정, 성과상여금평가, 교원능력개발평가가 있습니다. 가장 대표적인 평가는 1964년부터 시작된 **근무성적평정**(약칭 '근평')으로 관리자 평가(60%)와 다면평가(40%) 결과를 합산하여 상대평가로 매 학년도 말에 산출합니다. 다면평가는 정성평가(32%)와 정량평가(8%)로 구성되며, 정성평가는 동료(교사)가, 정량평가는 매년 학교 구성원들이 민주적으로 결정한 기준에 따라 1년간의 본인의 교육활동 결과를 수량화하여 반영합니다. 근무성적평정은 승진과 전보에 중요하게 활용되는데, 승진을 앞둔 교사에게는 중요하지만 그렇지 않은 교사에게는 별다른 의미가 없습니다.

2001년부터 도입된 교원 성과상여금은 전년도 실적에 대하여 지급되는 상여금으로 등급에 따른 차등 지급이 원칙입니다. 이를 위해 실시하는 교사의 성과상여금평가는 근무성적평정의 다면평가 결과를 활용하여 정성평가(0~20%)와 정량평가(100%~80%)를 환산·적용함으로써 평가에 대한 부담을 최소화하고 있습니다. 등급은 세 단계(S, A, B)로 나뉘고 학교가 자율적으로 정한 차등지급률(대체로 50%)에 따라 상여금이 결정됩니다. 그러나 교직의 특성상 교육성과를 객관적으로 수량화, 등급화하는 것에 한계가 있어 일부 교원들은 지속적으로 성과상여금제도의 폐지를 요구하고 있습니다.

교원능력개발평가(약칭 '교원평가')는 교원의 전문성을 진단하고 그 결과에 근거한 교원의 능력개발을 지원하여 학교 교육의 질을 제고하고 공교육의 신뢰도를 높인다는 목적으로 2010년부터 공립 유치원과 초·중·고의 교사, 교감, 교장을 대상으로 연1회, 9~11월에 이루어지고 있습니다. 평가 주체는 동료교사, 학생, 학부모이며, 동료평가, 학생·학부모의 만족도 조사가 실시됩니다. 1점에서 5점까지 체크리스트로 실시하는 설문평가와 서술형 평가가 있으며 서술형 평가는 평가결과가 해당 교사에게 직접 전달됩니다. 2020년에는 코로나19로 미실시하였고, 2023년부터 동료평가를 미실시하고 있습니다. 교원평가에 대한 교원단체 등의 반대 의견, 평가의 객관성과 공정성, 서술형 문항의 부적절한 답변으로 인해 교육활동침해 사안 발생 등 논란이 있어 추이가 주목됩니다.

교원의 **능력개발**을 위한 직접적인 제도는 8장을 참고하기 바랍니다. 교원의 능력 개발을 위한 **연수**에 대해 추가로 살펴볼 것은 **방학**입니다. 『교육공무원법』 제41조에 '교원은 수업에 지장을 주지 아니하는 범위에서 소속 기관의 장의 승인을 받아 연수기관이나 근무장소 외의 시설 또는 장소에서 연수를 받을 수 있다.'고 규정하여 방학기간을 연수로 활용하고 있습니다. 휴가와 휴직은 교원의 사기와 능력개발에 영향을 줄 수 있습니다. **휴가**는 연가, 병가, 공가, 특별휴가를 총칭하며, 공무원과 동일합니다. 단 공무원이 연가를 활용하지 않을 경우에는 미사용 연가일수에 해당하는 연가보상비를 지급하고 있으나, 방학이 있는 기관에 근무하는 교육공무원은 연가보상비 지급대상에서 제외됩니다. 휴직은 인사권자의 권한으로 휴직조치를 내리는 직권휴직(질병, 병역, 행방불명, 법정의무수행, 노조전임자 등), 본인의 원에 의한 청원휴직(유학, 고용, 육아, 입양, 불임·난임, 연수, 가족돌봄, 동반, 자율연수 등)이 있습니다.

직무수행에 대한 금전적 보상인 보수도 중요합니다. 보수는 봉급과 수당을 합산한 금액이며, 직급이나 지위에 관계없이 하나의 호봉 체계를 적용하여 근무경력에 따라 봉급액을 지급하는 **단일호봉제**를 채택하고 있습니다. 승진을 하여도 호봉에 변동이 없고, 근무연수에 따라 정기적으로 호봉이 오르거나 학력 변경 등에 따라 변동되는 호봉체계입니다. 최초 신규 채용일부터 호봉을 산정하여 초임호봉을 획정하게 됩니다. 호봉은 경력과 기산호봉의 합산으로 이루어지는데, 기간제 및 다른 경력이 없는 사범대학 출신 신규임용자는 경력연수(0)＋가산 연수(1)＋기산호봉(8)을 합산하여 9호봉이 획정됩니다. 매월 1일이 승급일이며 승급기간 1년에 대하여 1호봉씩 승급시키며 잔여 승급기간은 다음 승급기간에 산입합니다.

교원의 보수 수준은 어느 정도일까요? 교원의 경제적·사회적 지위는 우대되어야 한다는 법률 규정에 따라 과거 열악한 수준에서 지속적으로 상승하였습니다. 일반직공무원과 비교하면 약간 높은 편이고, OECD 국가들과 비교하면 최고호봉 교사의 경우 세계 최고 수준으로 나타나고 있습니다.

교원과 함께 일반직공무원과 교육공무직원도 살펴볼 필요가 있습니다. 교육활동과 행정활동을 교원과 직원이 분담하는 이원화 구조에서 다양하고 복잡한 구조로 변화하고 있어 이러한 상황에 걸맞은 인사행정이 필요한 상황입니다.

교원, 일반직공무원, 교육공무직원의 업무와 근로조건

구분	교원	일반직공무원	교육공무직원
업무	법령에서 정하는 바에 따른 학생 교육 업무분장에 명시된 교무 행정 업무	법령에서 정하는 바에 따른 학교 행정사무와 그 밖의 사무 업무분장에 명시된 행정 업무	교육행정과 교육활동 지원업무 근로계약서에 명시된 업무(일부, 학교장이 분장하는 업무 포함)
임용/ 채용	법령에 따른 교사자격증 필수 임용후보자 선정경쟁시험 교육공무원으로 임용	공개경쟁임용시험 지방공무원으로 임용	공개경쟁(서류전형, 면접) 교육감 채용 근로자(공무원이 아닌 자)로 무기계약, 기간제, 단시간근로자로 구분
보수	공무원보수규정에 따른 호봉제, 각종 수당 적용	공무원보수규정에 따른 호봉제, 각종 수당 적용	노동관계법령, 단체협약, 취업규칙 등에 따라 기본급과 수당 적용(직종에 따라 상이)
평가	근무성적평정, 교원 능력개발 평가, 성과급평가	근무성적평정	근무성적평정 연 1~2회

출처 : 김혜진 외(2023). p.65.

3 직무 만족과 동기 유발

"사람은 무엇으로 사는가?"

톨스토이가 1885년에 발표한 책의 제목입니다. 그 답은 '사랑'이라고 하는데, 조직에서 사람은 무엇으로 살까요? 무엇이 사람을 움직이게 할까요? 조직관리와 리더십은 앞에서 살펴보았고, 인간의 욕구와 동기를 살펴보고자 합니다.

먼저 인간에 대한 관점으로 맥그리거(McGregor)의 X-Y이론, 아지리스(Argysis)의 미성숙-성숙이론을 3장에서 살펴본 바 있습니다. X이론은 인간은 선천적으로 일하기 싫어하고 회피하므로 지시, 통제, 상벌을 해야 한다는 관점입니다. Y이론은 적절한 조건이 부여되면 일을 스스로 관리하고 책임감 있게 할 수 있다는 관점입니다. 조직 구성원을 미성숙한 존재로 보는 관점에서 성숙한 존재로 보는 관점으로 바꿔야 한다는 주장도 X-Y이론과 유사합니다. 게으르고 수동적인 인간으로 보느냐, 주체적이고 능동적인 인간으로 보느냐, 이에 따라 인사 관리의 접근 전략은 달라지게 됩니다.

인간의 욕구와 동기에 대한 대표적인 이론도 살펴볼까요.

매슬로우(Maslow)의 **욕구위계론**은 다섯 단계로 욕구를 제시하였는데, 생리적 욕구, 안전의 욕구, 소속의 욕구, 존경의 욕구, 자아실현의 욕구 순서로 순차적으로 진행된다고 보았습니다. 알더퍼(Alderfer)의 ERG이론은 생존, 관계, 성장의 세가지 욕구를 제시하면서, 이는 반드시 순차적으로만 진행되는 것은 아니라고 보았습니다. 허즈버그(Herzberg)의 **동기-위생이론**은 각각 만족에 기여하는 요인과 불만족에 기여하는 이론으로, 동기 요인은 일 자체와 책임 등 주로 내적인 것이었고, 위생 요인은 급여와 근무환경 등 주로 외적인 것이었습니다. 세 이론의 욕구는 다음과 같이 서로 연결된다고 볼 수 있습니다.

인간의 욕구와 동기 관련 이론

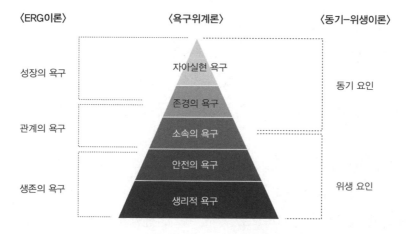

교사는 주로 어떤 욕구로 움직일까요? 동기는 변화될까요?

동기가 유발되는 과정에 중심을 둔 이론들도 있습니다. 로크(Locke)의 목표 설정이론은 구체적이고 도전적이며 달성 가능한 목표가 동기와 과업 수행을 증대시킬 수 있다고 보았습니다. 브룸(Vroom)의 기대 이론은 노력과 유인가(성과, 보상)로 구성되는데, 이것의 함수관계가 노력을 결정한다고 보았습니다. 유인가는 매력이 있어야 하고, 성과를 가져오는 성과기대와 보상을 가져오는 보상기대가 높아야 합니다. 아담스(Adams)의 공정성 이론에서 자신의 투입(노력)과 성과(보상)의 비율이 비교대상으로 선정된 타인의 그것과 비교하여 더 크거나 작을 때 불공정하다고 생각한다는 가설을 제시하였습니다. 불공정이 해소되려면 어떤 행동을 하게 될까요? 투입이나 성과의 양을 조정하거나, 투입과 성과에 대한 인지적 왜곡을 하거나, 비교 상대를 바꾸거나, 부서 이동 혹은 조직이탈을 하게 됩니다. 타인과 이러한 비교 경험이 있었을까요?

교사들이 성과급과 교원능력평가를 반대하는 이유를 이론으로 설명할 수 있을까요?

전통적인 이론들을 살펴보았습니다. 학교조직의 구성원에게 특유한 이론은 없을까요? 교사의 동기와 직무만족에 초점을 두는 연구가 많이 이루어지고 있는데, 교사 동기와 직무만족은 그 자체로도 의미가 있고, 학교의 성과와도 관련해서 연구되고 있습니다. 특히 '무엇이 교사를 움직이게 하는가?'에 대한 연구들은 학교 변화와 관련하여 교사가 중요하다는 점을 보여줍니다. 최근

OECD에서 교사의 행위주체성(agency)과 변혁적 교사가 논의되고 있습니다.

'직업 안정성, 사회적 지위'에 초점을 두고 입직한 교사와 '직무 자체'에 관심을 가지고 입직한 교사 중에서 효능감이 높은 교사는 누구일까요? 연구에서는 후자라고 분석하고 있습니다(박수정, 2024a). 예비교사 시기에 교직인적성 검사를 2회 실시하고, 교직 사명감을 강조하는 것은 이를 위해서라고 볼 수 있겠지요. 교원임용시험의 2차에서 면접을 통해 이를 확인하기도 합니다. 교육실습 기간을 연장하여 실습교육을 강화하고, 수습교사제 검토를 도입하는 것, 교사선발에서 인성 평가를 하는 것도 검토되고 있습니다. 기본적으로 교직에 흥미를 가지고 학생을 사랑하는 사람을 뽑아야 합니다. 내재적 동기는 중요합니다.

교직에 처음 입문하는 입직동기만 가지고 30년 넘는 기간 직무와 성장을 열심히 할 수 있다고 기대하기는 어렵습니다. 가장 크게 지목되는 것은 '단계가 없는 교직'의 특수성입니다. 이에 경력 단계 또는 직위를 만들거나 직무를 재설계 또는 풍요화하는 전략이 제기됩니다. 1급 정교사 다음에 자격을 더 만들자는 제안은 정체될 수 있는 교직 풍토에 자극을 주려는 것이고, 수석교사제를 도입한 것도 새로운 직무를 통해 권한과 책임을 주려는 것입니다. 그리고 학교와 교사에게 자율성을 부여하는 것이 만족과 효능감을 높일 수 있습니다.

보상체계와 근무조건도 중요합니다. 보수는 비교를 외국 교사와 하는 것이 아니라 비슷한 타 직종 그리고 동료 교사와 하게 됩니다. 초등에서는 업무 과다로 부장교사를 맡지 않으려는 현상이 있고, 소규모 학교는 업무 부담이 커서, 대규모 학교는 관리 부담이 커서 각각 교사와 교장이 기피하는 현상도 나타납니다. 승진 점수를 준다면 소규모 학교에 가려는 교사가 있지만 이것이 최선일까요? 소규모 학교가 더 많아지면 가능할까요? 소규모 학교 근무가 승진 자격을 입증할까요? 업무와 수고에 대한 적절한 보상 체계가 필요합니다.

4   주요 이슈

교원과 관련된 이슈는 매우 많은데, 여기에서는 교육인사행정의 주요 내용과 관련된 이슈를 간단히 살펴보겠습니다.

충원과 관련하여 교사 수급 문제가 있습니다. 중등은 수요에 비하여 과다 양성되어 왔고, 대체로 수급 조절이 되었던 초등에서도 2:1의 상황이 생기고 있습니다. 학령 인구 감소로 교원 정원은 더욱 줄어들 전망이기에 큰 이슈가 될 것입니다. 이와 관련하여 교사양성체제의 개편, 현장 역량을 갖춘 교사의 양성과 선발 등의 문제가 계속적으로 제기되고 있습니다. 그리고 지금까지는 교직의 안정성과 지위로 인해 우수한 자원이 양성과정에 진입하였으나, 앞으로의 상황은 다를 수 있습니다.

배치와 관련하여 전보는 학교의 필요와 개인의 희망에 따라 운영되지만, 선호 지역과 학교에 교사 쏠림 현상이 있으며, 한 학교에 3~5년간 근무하고 이동하기에 주인의식이 낮다는 문제가 있습니다. 교육전문직원으로의 전직은 교육에서 정책과 행정의 직무로 전환되는 것이지만, 그에 걸맞은 준비와 학습이 충분한지, 승진을 위한 한시적인 직무 수행으로 그치는 것이 아닌지, 이름에 부합하는 장학과 연구의 기능이 이루어지는지 등이 쟁점입니다.

승진과 관련하여 오랫동안 유지해온 연공서열 중심의 승진제도는 교장의 고령화, 승진 준비 과정에서 점수 쌓기 몰입, 체계적인 준비 과정 부족 등의 문제가 있습니다. 새로운 리더십으로 학교와 지역 발전을 촉진할 유능한 교장을 임용하기 위하여 교장공모제가 도입되었으나 교장자격증 소지자를 대상으로 하는 초빙형이 대부분이며 실적주의, 임기 연장의 수단, 정치화 등도 지적되고 있습니다. 교장 양성과정, 교장 역량 평가 등에 대한 도입 논의도 있으나, 오랫동안 준비가 필요한 승진제도의 변화는 쉽지 않습니다.

   자격과 관련하여 수석교사제가 정착되지 못하고 있습니다. 수석교사의 역할과 위상에 대한 교사들의 반응이 긍정적이지 않은데, 이는 개인의 문제라기보다 제도적으로 풀어나가야 할 숙제입니다. 1급 정교사 자격 취득 후 외적인 성장 동기가 부족하다는 점에서 선임교사 자격 신설, 그리고 행정 업무를 전담하는 교사에 대한 제안도 있습니다. 소규모학교와 통합학교 확대, 고교학점제 실시 등으로 교사 자격제도의 유연화도 논의되고 있습니다.

   평가와 관련하여 성과급과 교원능력개발평가에 대한 교원의 반발이 큽니다. 성과급 산정의 공정성, 성과급의 효과성이 부족하다는 비판입니다. 학생과 학부모에게 '만족도 조사'를 받는 것이지만 '평가'의 울타리에서 이루어지고 있으며, 정확한 평가는 어렵습니다. 전문가에 대한 평가의 어려움과 함께 교육만 예외로 하는 것이 합당한가 하는 딜레마도 있습니다.

   이 밖에도 교사의 업무와 관련된 문제가 있습니다. 교사가 교육활동에 전념하지 못하고 각종 행정업무가 과다하다는 것인데, '교원 업무 경감', '학교 업무 정상화' 등 관련 정책이 추진되고 있습니다. 학교 소규모화 추세로 업무 부담이 커지고 있으며, 교권과 관련하여 교육활동보호가 중요한 이슈로 부상하였습니다. 증가하는 업무와 학교 인력구성의 복잡화로 인해 발생하는 갈등과 충돌의 조정도 필요합니다.

   교육인사행정은 '변화'와 어떤 관계가 있을까요?
   오랫동안 형성된 제도를 공정하고 안정적으로 운영되어야 하기에 실무에서는 '매우 보수적으로' 관리되는 분야입니다. 앞으로는 변화하는 환경과 수요에 적극적으로 대응하면서 '교육을 위한 인사행정'이 되기 위한 숙고와 실천이 필요해 보입니다. 바람직한 교육변화를 위해 인적자원의 확보와 관리는 대단히 중요합니다. 또한 교육인사행정의 범위와 시야가 확대되고, 학교의 인적자원에 대한 새로운 관점과 연구가 요구됩니다.

조선시대에도 교원평가가 있었을까요?
조선시대 예조에서 편찬한 『포폄등록』에 예조 소속 교원인 사부학당의 겸교수, 훈도, 동몽교관에 대한 평가 기록이 있습니다. 조선시대 교원평가는 일반 관원에 대한 평가와 동일하게 1년에 2차례, 상·중·하로 직속 상관이 평정하였고, 평가의 주요 기준은 학생의 성취 수준과 교원의 근무태도였습니다.

사학 겸교수와 동몽교관 상(上) 평가에 자주 등장한 평어(評語)

대상	평어	해석
사학 겸교수	아칙자지(雅飭自持)	바르고 삼가는 모습을 스스로 갖추었다.
	울유문화(蔚有文華)	문장의 아름답고 찬란함이 매우 성하다.
	문아본색(文雅本色)	시문을 짓고 읊는 풍치를 본디 갖추고 있다.
	문학구우(文學俱優)	문학에 뛰어남을 갖추고 있다.
	고시파공(考試頗公)	사람을 평가하는데 있어 매우 공정하다.
	과시심공(課試甚公)	시험을 시행하는데 있어 매우 공정하다.
	유심과사(留心課士)	선비들에게 과제를 내는 데에 마음을 쓰고 있다.
동몽 교관	근어훈몽(勤於訓蒙)	학생들을 가르치는 데에 성실하다.
	훈회불권(訓誨不倦)	가르치는 것을 귀찮게 여기지 않는다.
	권장파근(勸獎頗勤)	학생들이 잘 배울 수 있도록 독려하는데 매우 근면하다.
	훈학유목(訓學有目)	가르치는 데 있어서 조리가 있다.
	훈회불태(訓誨不怠)	가르치는 것을 태만히 하지 않는다.
	훈몽유근(訓蒙惟勤)	오직 학생들을 가르치는 데에 힘을 쓴다.
	근어도유(勤於導誘)	학생을 지도하는 데에 성실하다.
	육영위락(育英爲樂)	학생들을 가르치는 것을 기쁨으로 여긴다.

출처: 박수정, 이상무(2012). pp.66~67.

더 찾아보기

최진경(2024). 교원 인사/교원 복무. 박수정 외. 교사론과 교직실무. 박영스토리.
교원 인사와 관련 실무 전반에 대해 확인할 수 있음.

오석홍(2022). 인사행정론. 박영사.
행정학 분야의 인사행정 개념과 이론을 확인할 수 있음.

김성천, 신범철, 홍섭근(2021). 교육자치 시대의 인사제도 혁신. 테크빌교육.
교원 인사제도와 교원정책 전반에 대한 혁신방안을 제안함.

Basile, C. G., Maddin, B. W., & Audrain, R. L. (2022). *The next education workforce: How team-based staffing models can support equity and improve learning outcomes*. Rowman & Littlefield. 정바울 외 역 (2024). 미래 교직 디자인. 살림터.
분산적 전문성에 기반하여 교직 수행 환경에 대한 새로운 대안을 제시하였음.

서울교원종단연구(서울특별시교육청 서울교육정보연구원 서울교육정책연구소)
한국초등교원종단연구(한국교육개발원)
교원에 대한 체계적인 설문조사 종단연구로, 교원 관련 현황을 진단하고 인사정책에 시사점을 제시할 수 있음.

초 · 중등 교육정보 공시서비스 학교알리미 https://www.schoolinfo.go.kr/Main.do
전국 학교의 교육정보공시 자료(교육활동, 교육여건, 학생현황, 교원현황, 학업성취사항)를 확인할 수 있음.

OECD 교육지표(Education at a Glance)
교사 급여, 업무 시간 등 한국교육개발원 교육통계서비스에서 확인할 수 있음.

01 교사 양성체제 개편의 다양한 대안(교대-사범대 통합, 학부 5년제, 교육전문대학원 도입 등)을 조사하고, 각 대안의 장단점과 실현가능성을 분석해 보세요.

02 교사의 자격제도에 대한 학교 현장의 요구를 조사하고, 초 · 중등 통합 자격 양성, 현직 교사의 자격 이수, 새로운 과목 수요에 대한 교직 개방 등에 대한 의견을 제시해 보세요.

03 공립학교 교원 순환전보제의 순기능과 역기능을 정리하고, 앞으로의 방향에 대한 대한 의견을 제시해 보세요.

04 교장 임용 방식에 대한 교육계와 교원단체의 주장과 외국의 사례를 조사하고, '유능한 교장을 임용하여 학교교육의 질적 제고를 가져온다'를 준거로 분석해 보세요.

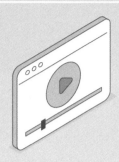

Chapter

10

교육재정

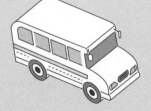

교/육/행/정/입/문

교육재정

1 교육재정의 개념과 원리

담임교사의 학급운영비는 어떻게 책정될까요? 학교마다 동일할까요?

정책에는 '돈'이 필요하다 하였는데 모든 행정 행위에도 동일하며, 교육행정도 마찬가지입니다. 헌법에 보장된 '무상교육'만 하더라도 그에 소요되는 예산이 있어야 합니다. 교육을 위한 인력과 시설, 교재와 학용품, 기자재 등 모든 교육활동에는 돈이 필요합니다

교육재정은 교육의 물적 자원에 대한 행정인 '교육재무행정'을 줄인 것이고, 국가와 지방자치단체의 '재정'을 적용한 것이기도 합니다. 재정은 국가와 지방자치단체가 국가를 유지하기 위해 수행하는 일련의 경제활동입니다.

교육재정은 국가와 공공조직이 공공욕구 충족을 위해 필요한 수단을 조달하고 관리하는 경제활동이라 할 수 있습니다. 정부 부처, 교육청, 학교의 일반직 공무원이 담당하기에 교원이나 일반인과는 관계없는 일로 생각될 수 있습니다. 그러나 교육을 위한 행정에서 재정에 대한 이해는 반드시 필요합니다.

교육재정과 교육비에 대한 전반적인 개요로 시작하겠습니다.

교육재정은 공동의 이익을 추구하는 '공공경제(公共經濟)'로서 시장 원리에 기반한 '사경제(私經濟)'와 대비되는 특성을 갖습니다. 조세를 통해 국민 소득의 일부를 정부 수입으로 강제 이전하는 강제성, 사적 효용이 아닌 공공욕구 충족을 위해 사용하는 공공성을 가집니다. 양출제입(量出制入)은 무슨 뜻일까요? 지출을 가늠하여 수입을 제어한다, 즉 필요경비 산출 후 수입을 확보하는 것입니다. 재정의 존속기간이 길다는 영속성의 특징도 갖는데 상대적으로 볼 수 있습니다. 무형재를 생산한다는 점, 수입과 지출의 균형을 맞추어야 한다는 점, 개별적 보상보다는 포괄적 보상을 한다는 일반 보상 등도 재정의 특징입니다.

교육의 성과가 즉각적으로 나타나지 않기에 비긴급성이라는 특징도 있는데, 교육재정의 성과를 측정하고 평가하는 데에는 오랜 시간이 필요하며, 교육재정 투자의 적절성을 판단하기 위해서는 거시적 안목이 필요하다고 이해해야 하겠습니다.

교육비의 개념을 먼저 살펴볼까요?

교육비라 하면 흔히 가정에서 학교나 학원에 납부하는 비용을 떠올리는데, 교육 목적과의 관련성을 기준으로 직접교육비와 간접교육비로 나눕니다. 직접교육비는 교육에 직접 투입하는 비용으로 공교육비와 사교육비로 구분되며, 누가 비용을 부담하는가에 따라 공부담(정부)과 사부담(민간)으로 나누게 됩니다.

간접교육비는 교육의 '기회비용'을 의미하는데, 개인에게는 교육을 받지 않았을 경우 벌어들일 수 있는 기대소득(유실소득)을, 비영리 교육기관에게는 면세(免稅) 및 다른 분야에 투자했을 경우 발생 가능한 이익의 총량을 의미합니다.

대학교육을 받고 있거나 받았다면, 나의 직접교육비와 간접교육비를 계산해 볼 수 있을까요? 국가장학금은 무엇에 해당할까요?

교육비 분류

대학생의 교육비에 해당하는 항목의 예시를 써봅시다.
- 공부담 공교육비:
- 사부담 공교육비:
- 사교육비:
- 간접교육비(기회비용):

한국의 교육재정은 일반재정과 분리, 독립되어 있습니다. 의무교육 비용을 안정적으로 확보하고, 교육의 정치적 중립성을 보장하기 위해서입니다. 헌법에 명시한 교육 법률주의 대상으로 '교육재정'이 있습니다. 대표적으로 『지방교육재정교부금법』을 통해 학교교육에 투입되는 보통교부금(교육청 자율 사용)과 특별교부금(특정한 정책 수요)을 안정적으로 교부하고 있습니다.

교육재정의 과정은 확보, 집행, 평가로 구분할 수 있습니다. 필요한만큼 확보하고, 적절하게 배분하고 지출하며, 제대로 집행하였는지 평가하는 것이지요. 교육재정의 단위는 국가, 지방, 학교로 구분되고, 각 수준에서도 확보, 배분, 지출, 평가가 적용됩니다. 또한 국가, 지방, 학교의 교육재정은 상호 관계를 맺으며 운영됩니다.

교육재정의 구분과 원리

구분	확보	집행		평가
		배분	지출	
원리	충족성 자구성	효율성 공정성	자율성 적정성	효과성 책무성

교육재정의 과정에서 중요한 원리는 살펴보면, 충분하게 자체적으로 확보하고, 배분은 효율적이고 공정하게, 지출은 자율적이고 적정하게 이루어지며, 목표 달성과 산출을 평가해야 합니다. 효율성과 형평성은 교육재정에서도 중요한 가치이며, 적정성도 중요하게 생각되고 있습니다. 적정성은 절대적 수준의 교육결과를 달성하기 위해 필요한 교육비 개념으로, 종래 교육과정 운영을 위한 '최소 비용'의 개념에서 일정 수준의 교육결과를 달성하는데 '충분한 교육비' 개념으로 바뀌고 있습니다.

교육재정의 이해를 위해 예산과 결산, 세입과 세출 등의 용어를 이해할 필요가 있습니다. 예산(豫算)은 계획한 재정, 결산(決算)은 지출한 재정을 의미하는데, 각각 계획서와 계산서로 볼 수 있습니다. 세입(歲入)은 회계연도의 연간 수입, 세출(歲出)은 연간 지출을 의미합니다. 회계연도는 대부분 1월 1일부터 시작하지만 학교회계는 새학년도에 맞추어 3월 1일부터 2월 말일까지입니다. 예산과 결산 모두 세입과 세출로 구성됩니다.

2 교육재정의 구조와 운영

중앙교육재정은 국가재정 중에서 교육예산을 의미합니다. 전체 예산 중 얼마나 될까요? 2024년 기준 약 14%를 차지하고 있습니다. 교육예산의 규모는

2024년부터 줄었고, 전체 예산에서의 비중도 감소하는 추세입니다(2000년 20.4%, 2010년 19.6%, 2020년 14.2%), 중앙교육재정의 세입은 조세 수입과 전매 수입 등이고, 세출은 지방교육재정교부금과 교육부 본부 관련 지출 등입니다. 특히 시·도교육청에 배분하는 지방교육재정교부금(유아 및 초·중등교육)이 70% 이상 차지하고 있으며, 그 다음 고등교육, 평생·직업교육, 교육일반 순입니다.

2024년 정부 세출 예산 분야별 구성비

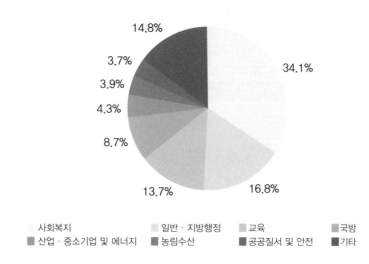

출처: 지방교육재정알리미 검색.

정부 예산 비율

(단위: 조원)

구분	타 정부분야	교육분야				
		유아 및 초등교육	고등교육	평생직업 교육	교육일반	합계
2024	566.8	73.7	14.6	1.2	0.1	89.8
2023	542.5	80.9	13.7	1.5	0.1	96.3
2022	523.5	70.7	12	1.1	0.1	84.1
2021	486.8	58.6	11.3	1.1	0.1	71.2
2020	439.7	60.4	11	1.1	0.1	72.6

출처: 지방교육재정알리미 검색.

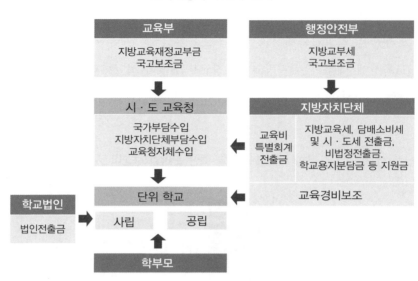

교육재정의 구조와 관계

지방교육재정은 시·도교육청의 교육감이 관장하며, '교육비특별회계'라는 이름으로 지방자치단체의 일반회계로부터 분리되어 운영되고 있습니다. 시·도교육청의 예산은 중앙정부(교육부)로부터 교부되는 **지방교육재정교부금**과 지방자치단체(시·도)로부터 전입되는 법정전입금이 주요 세입재원이고, 지방자치단체가 임의로 전출하는 비법정전입금도 있습니다. 지출은 교원 인건비가 절반을 넘고, 시·도교육청 부속기관 운영비, 학교신설 부지와 시설 건설비 등입니다.

학교재정은 학교별로 설치하는 '학교회계'로, 시·도교육청으로부터 지원되는 교육비특별회계 이전수입이 가장 큰 비중의 세입재원입니다. 납입금은 사부담 공교육비로 입학금, 수업료, 학교운영지원비 등이며, 무상교육은 면제됩니다. 이 밖에 기부금(학교발전기금), 지원금, 사립의 경우 재단전입금 등이 있습니다. 상당수 사립학교에 재정결함보조금이 지급되고 있으며, 지방자치단체에서 단위학교에 직접 지원하는 교육경비보조금도 있습니다. 지출은 사립의 경우 교원 인건비가 포함되어 인적자원운용의 비중이 가장 크고, 학교의 상황에 따라 지출 항목의 비중과 순위는 차이가 있습니다.

학교회계 예·결산서 예시(공립 중학교)

■ 세입

(단위: 원, %)

구분		이전수입		자체수입		기타수입	합계
		정부이전 수입	기타이전 수입	학부모부담 수입	행정활동 수입		
예산	금액	1,332,556,000	0	146,299,000	5,803,000	6,139,000	1,490,797,000
	비율	89.4	0	9.8	0.4	0.4	100

■ 세출

(단위: 원, %)

구분		인적자원 운용	학생복지/ 교육격차 해소	기본적 교육 활동	선택적 교육 활동	교육활동 지원	학교 일반운영	학교 시설 확충	학교 재무 활동	합계
예산	금액	53,070,000	773,790,000	190,598,000	56,741,000	137,161,000	278,298,000	0	1,139,000	1,490,797,000
	비율	3.6	51.9	12.8	3.8	9.2	18.7	0	0.1	100.1

※ 예산기준: 2024학년도(2024년 3월 1일~2025년 2월 28일)

출처: 학교알리미 검색.

2001년부터 학교회계제도가 운영되고 있습니다. 그 전까지는 학교예산의 항목이 정해져 내려왔고 학교에 예산편성권이 없었습니다. 학교예산을 총액으로 배분하고, 교사의 참여와 학교운영위원회의 심의를 거쳐 하나로 통합된 세입재원을 학교에서 필요한 우선 순위에 따라 자율적으로 세출예산을 편성·집행하게 된 것입니다. 1995년 5. 31 교육개혁에서 언급한 학교자율경영제의 맥락에서 학교운영위원회와 함께 도입된 중요한 재정제도입니다. 학교의 교육계획이 예산편성과정을 통해 구체적으로 실현될 수 있다는 인식과 실천이 필요합니다.

하나만 덧붙이면, 현장에서는 학교에서 운용되는 돈을 '학교재정' 대신 '학교예산'이라고 주로 부르지만 전자가 맞습니다(엄문영, 2021). 그 이유는 앞의 설명을 참고하세요!

3 주요 이슈

학생 수가 빠른 속도로 줄고 있습니다. 이러한 상황은 교육재정 측면에서도 중요한 관심사가 되고 있습니다. 교육재정에 위기가 될까요, 기회가 될까요?

학생 수가 줄면 학교교육에 투입되는 돈도 줄어야 할까요?

학생 1인당 공교육비

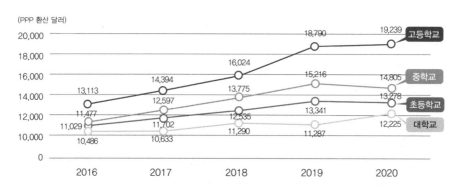

(PPP 환산 달러)

	2016	2017	2018	2019	2020	
고등학교	13,113	14,394	16,024	18,790	19,239	
중학교	11,477	12,597	13,775	15,216	14,805	
초등학교	11,029	11,702	12,535	13,341	13,278	
대학교	10,486	10,633	11,290	11,287	12,225	

학령 인구 감소는 학생 1인당 공교육비 증가를 가져오고 있습니다. 기획재정부에서는 학생 수 감소를 근거로 교육부문 예산을 줄이고자 합니다. 교육계에서는 공교육비를 높여 교육의 질적 제고를 도모하고자 합니다. 다양한 특성과 요구를 갖는 학생들에 대한 맞춤형 교육이 필요합니다. 교육활동은 대부분 학급 단위로 이루어지고, 지역적으로 인구 증감의 차이가 있다는 점도 주의할 필요가 있습니다. 그리고 교육재정의 규모 못지않게 중요한 것은 효과적인 사용이며, 여기에 초점을 두고 논의를 진행해야 할 것입니다.

『지방교육재정교부금법』의 개정(2023.12.31)에 대해 어떻게 생각하나요?

2024년부터 2026년까지 3년간 내국세분 지방교육재정교부금 재원 중 특별교부금의 비율을 3%에서 3.8%로 조정하고, 상향된 비율에 해당되는 특별교부금은 초·중등 교원의 인공지능 기반 교수학습 역량 강화 사업 등에 한정하여 활용하도록 함.

교육예산의 우선 순위는 어떻게 정해야 할까요? 학생 1인당 공교육비를 OECD 평균과 비교하면 초·중등학교는 평균 이상이지만 대학은 평균 이하인 상황입니다. 이에 고등교육재정의 충당이 검토되고 있습니다. 2025년 일몰 예정이었던 15조 원 규모의 고등·평생교육지원 특별회계가 연장, 확대됩니다. 또한 지방교육재정교부금의 일부를 고등교육이나 유보통합에 활용해야 한다는 주장이 있으며, 이에 대한 반대 의견도 있습니다.

앞에서 살펴보았듯이 교육재정은 대부분 중앙정부의 재원이고 중앙교육재정의 대부분이 지방교육재정으로 이전 지출되는 경향성을 보여줍니다. 주 세입원인 국세 및 교육세는 경기변동에 민감합니다. 교육예산 비중의 감소세, 지방교육재정의 낮은 자립도 등을 볼 때 교육재정의 안정적 확보를 위한 노력이 필요합니다. 역대 대통령들이 공약으로 내걸었던 '교육재정 GDP 6%' 달성 목표는 이루어지지 않았습니다.

학교재정은 자율성이 커졌지만 목적사업비 사용이 어려움으로 지목되고 있습니다. 목적사업비는 시도교육감이 특정 목적을 달성하기 위해 개별 단위학교에 주는 사업비로, 용처와 범위가 정해져 있어 단위학교 재정지출 자율성의 축소, 회계처리상 복잡성 등을 가져오는 요인입니다. 목적사업비 비중의 축소는 단위학교 회계의 자율성 확대에는 용이하나, 시도교육감이 추진하는 교육정책 재량의 축소를 의미하여 해결하기 어려운 문제로 남아 있습니다.

사교육비 증가는 교육재정 외에 정책의 차원에서 논의되는 문제입니다. 2007년부터 교육부에서 사교육비 통계를 발표하고 있는데, 매년 상승하여 2023년 조사에서 27조원을 기록했습니다. 과도한 사교육비는 가정 경제에 큰 부담이 되고 공교육에 대한 신뢰를 낮추며 공교육비 투자에 대한 회의적 시각을 가져옵니다. 사교육은 공교육 외에도 입시경쟁, 학력주의, 임금 격차 등 사회구조적인 문제이며, 저출생을 가져오는 원인으로 꼽힙니다. EBS 수능 연계, 방과후학교 등의 방안들이 시도되었습니다. 어떻게 접근해야 할까요?

교육재정의 세계에 입문하였습니다! 교육행정과 마찬가지로 교육재정 또한 가치와 지향에 따라 다른 모습과 결과를 가져올 것입니다. 무엇을 위해 어떻게 돈을 써야 할까요? 재정 전문가나 실무자가 아니라면 다소 낯선 개념과 이슈이지만, '교육을 위한 재정'이 될 수 있도록 교육재정에 대한 더 큰 관심과 이해가 필요합니다.

참고하기

엄문영(2021). 교육에는 얼마나 많은 돈이 필요할까. 박수정 외. 오늘의 교육 내일의 교육
　　　정책. 학지사.
교육비와 교육재정의 주요 개념과 이슈를 소개함.

반상진, 김민희, 김병주, 나민주, 송기창, 우명숙, 주철안, 천세영, 최준렬, 하봉운, 한유경
　　　(2014). 교육재정학. 학지사.
한국교육재정경제학회에서 교육재정에 대한 종합적인 개론서로 편찬함.

윤정일, 송기창, 김병주, 나민주(2015). 신교육재정학. 학지사.
교육재정의 전반적인 개념과 학문적 논의를 정리함.

김희삼(2021). 왜 지금 교육 경제학인가. EBS books.
경제학자의 관점에서 다양한 이론과 조사, 실험으로 교육의 경제학을 소개함.

지방교육재정알리미 https://eduinfo.go.kr/portal/main.do
지방교육재정과 학교회계제도의 주요 개념과 현황을 확인할 수 있음.

초·중등 교육정보 공시서비스 학교알리미 https://www.schoolinfo.go.kr/Main.do
전국 학교의 교육정보공시 자료(교육활동, 교육여건, 학생현황, 교원현황, 학업성취사항)를
확인할 수 있음.

국정모니터링시스템 e-나라지표
　　　https://www.index.go.kr/unity/potal/eNara/main/EnaraMain.do?cdNo=000
중앙행정기관이 선정, 관리하는 주요 지표(나라지표)를 제공하는 웹기반의 통계정보시스템
에서 교육 관련 통계를 확인할 수 있음.

OECD 교육지표(Education at a Glance)
공교육비, 등록금 등 한국교육개발원 교육통계서비스에서 확인할 수 있음.

더 알아보기

01 학교교육에서 학생과 학부모가 부담해야 하는 수익자 부담 교육비 범위, 그리고
무상교육의 범위에 대하여 의견을 제시해 보세요.

02 지방교육재정알리미 누리집 또는 e-나라지표 누리집을 방문하여, 교육재정에
대하여 새롭게 알게 된 것을 정리해 보세요.

03 학교 규모가 비슷한 동일 학교급의 학교 3개 또는 초·중·고 각 1개교를 선정하여 학교알리미 누리집에 공개된 예산과 결산 자료를 분석해 보세요.

04 시·도교육청은 대부분의 재원을 중앙정부와 지방자치단체로부터의 전입금에 의존하고 있습니다. 만약 시·도교육청이 자체적으로 과세·징세를 하게 된다면 예상되는 장점과 단점은 무엇일지 의견을 제시해 보세요.

미래의 교육행정

미래의 교육행정은 어떤 모습이 되어야 할까요?

미래를 전망하는 것은 '준비'하기 위함입니다. 학교교육과 교직의 미래 전망에 대한 자료를 살펴보면서, 이를 위한 교육행정의 미래를 구상해봅시다.

1 OECD의 교육 2030

OECD는 역량교육을 제기한 DeSeCo 프로젝트에 이어 2015년부터 '교육 2030'(The Future of Edcuation and Skills 2030)을 추진하고 있습니다. 2019년에는 학습 개념틀로 '학습 나침반'(learning compass)을 제시하였습니다. 교육의 지향은 개인과 사회의 웰빙(well-being)이며, 새로운 가치 창출하기, 긴장과 딜레마 조정하기, 책임감 갖기 등 변혁적 역량(transformative competencies)을 키워야 합니다. 역량은 지식, 기능, 태도, 가치로 구성되며, 예측-실행-성찰로 역량을 개발해나가는 순환적 학습과정입니다. 학생의 행위주체성(agency)이 필요하며, 또래, 교사, 학부모, 지역사회의 협력적 행위주체성(co-agency) 또한 요구됩니다.

이를 기초로 매년 OECD 회원국 연구자와 교육자가 모여 논의와 연구를 하고 있습니다. 자세한 내용은 OECD와 한국교육개발원(협력기관) 누리집에서 확인할 수 있습니다. 이는 한국 교육과 학교제도, 교육 주체의 역량 개발의 방향 설정에 참고할 수 있습니다.

OECD 학습 나침반

출처: OECD Future of Education and Skills 2030 (https://www.oecd.org/en/about/projects/future
-of-education-and-skills-2030.html)

UNECO에서는 2050년을 조망하는 교육 재건의 기본 원칙으로 1) 전 생애를 통해 양질의 교육을 받을 권리, 2) 공공의 노력과 공유재(common goods)로서의 교육 강화를 제시하고, 다음과 같이 제안하였습니다(유네스코한국위원회, 2021).
- 교육 방식은 협력과 공동 작업, 연대의 원칙을 기반으로 조직되어야 함.
- 교육과정은 학생들이 지식을 얻고 생성하면서 동시에 이를 비판하고 활용할 역량을 기를 수 있도록 돕는 생태적·다문화적·다학제적 학습에 중점을 두어야 함.
- 교수 행위는 교사들이 지식 생산자이자 교육 및 사회 변혁의 핵심 주체로 참여하는 공동의 노력으로서 보다 전문화되어야 함.
- 학교는 포용과 공정, 개인 및 집단의 웰빙을 지원하는 교육 장소로서 보호되어야 하고, 보다 정의롭고 공정하며 지속가능한 미래를 만들기 위한 변화를 촉진하기 위해 그 모습을 다시 구상해야 함.
- 전 생애에 걸쳐 그리고 다양한 문화적·사회적 공간에서 교육 기회를 향유하고 확대해야 함.

2 OECD의 미래 학교교육 시나리오

OECD는 2000년에 이어 2020년에 현 교육 상황에 대한 진단을 토대로 20년 후의 학교교육의 방향과 트렌드를 예측하는 보고서 『Back to the Future of Education: Four OECD Scenarios for Schooling』를 발간했습니다.

2040년의 학교교육 시나리오는 네 가지로 간단한 개요는 다음과 같습니다. 자세한 내용은 OECD 누리집에서 확인할 수 있습니다. 이를 통해 장기적인 학교제도 개선의 방향을 수립하고 주요 정책 수단을 구상하는 데 참고할 수 있습니다. 학교제도와 교육행정, 교육정책에 어떤 시사점을 줄까요?

OECD의 미래 학교교육 시나리오

OECD 미래 학교교육 시나리오

1 학교교육의 확대 (Schooling extended)
형식교육에의 참여가 늘어난다. 국제협력과 기술발전을 통해 좀 더 개별화된 수업이 가능해진다. 학교교육의 구조와 절차는 유지된다.

2 교육 아웃소싱 (Education outsourced)
사회가 시민 교육에 직접 참여하고, 전통적인 학교교육 체제가 무너진다. 디지털 테크놀로지가 교육을 주도하면서 더 다양하고 유연한 환경에서 학습이 일어난다.

3 학습 허브로서의 학교 (School as learning hubs)
학교는 유지되지만, 다양성과 실험정신이 규범이 된다. 학교의 담을 개방하여 학교와 지역사회를 연결하고, 지속적으로 변화하는 형태의 학습, 시민 참여, 사회 혁신을 지지한다.

4 삶의 일부로서의 학습 (Learn-as-you-go)
교육이 시공간의 경계없이 일어난다. 기계의 발전에 따라 형식학습과 비형식학습 간의 구분이 없어진다.

출처: OECD(2020). p.7.

OECD 미래 학교교육 시나리오별 주요 특징

구분	목적과 기능	조직과 구조	교사 인력	거버넌스	공교육의 도전과제
시나리오 1: 학교교육의 확대	▪ 사회화, 습득된 지식과 역량에 대한 인증 및 자격 부여, 돌봄	▪ 교육기관이 독점적으로 학교교육의 전통적인 기능을 담당함	▪ 규모의 경제와 기능의 분화의 가능성이 있으나, 학교교육을 교사가 독점함	▪ 전통적인 행정부가 강력한 역할을 담당하면서, 국제협력이 강조됨	▪ 공통의 교육체제 내에서 다양성과 질을 보장하는 것: 합의와 혁신 간 균형이 필요함
시나리오 2: 교육 아웃소싱	▪ 유연한 서비스를 찾는 "고객"들의 요구에 따라 다양해짐	▪ 구조의 다각화: 여러 가지 조직적 구조가 개인 학습자에게 제공됨	▪ 학교 안팎을 운영하는 교사인력의 역할과 지위가 다양해짐	▪ 더 큰 교육시장(지역, 국가, 국제수준의) 내에서 학교교육 시스템이 가능함	▪ 시장실패를 해결하기 위해 접근성과 질을 보장하는 것 ▪ 다른 교육 공급자들과 경쟁하고 정보를 공유하는 것
시나리오 3: 학습 허브로서의 학교	▪ 유연한 학교 구조를 통해 학습 개별화와 지역사회의 참여가 활성화됨	▪ 학습 허브로서 학교가 다양한 지역적, 국제적 자원을 조직함	▪ 교사 전문직이 광범위하고 유연한 전문가 네트워크의 연결점으로 기능함	▪ 지역의 의사결정에 중점을 두며, 다양한 파트너십을 구축함	▪ 다양한 관심사와 권력관계의 역동성, 지역적 목적과 제도적 목적의 잠재적 갈등, 지역 간 역량 차이
시나리오 4: 삶의 일부로서의 학습	▪ 테크놀로지가 기존 학교의 목적과 기능을 재구성	▪ 사회적 제도로서의 학교교육이 사라짐	▪ 프로슈머들이 중심적인 역할을 하는 개방형 시장	▪ 데이터와 디지털 테크놀로지에 대한 (글로벌)거버넌스가 핵심	▪ 정부 혹은 기업의 강력한 개입이 민주적 통제와 개인의 권리에 영향을 미칠 수 있음 ▪ 사회가 분열될 위험이 있음

출처: OECD(2020). p.41.

네 가지 시나리오는 내용상 다음과 같이 이해할 수 있습니다.

1. 정규 학교교육의 지속 및 연장

2. 전통적 학교제도 해체 및 교육의 외주화

3. 학교의 지역사회 연결 및 학습 허브로서의 혁신적 역할

4. 디지털기술 활용 및 학습의 상시화

3 미래 교직 디자인

미국의 교육학자 베이즐(Basile) 등은 2022년 『미래 교직 디자인(The next education workforce)』을 통해 교직의 변화 모습을 새롭게 제안하였습니다. '분산적 전문성'을 바탕으로 전통적인 '1교사-1학급 모델'에서 '팀 기반 모델'을 중심으로 교직을 새로운 모습으로 설계한 것입니다.

교직 디자인의 간단한 개요는 다음과 같습니다. 자세한 내용은 책을 참고하세요. 우리도 다양한 학습자와 요구, 학교의 역할 기대 변화, 교사의 업무 범위와 학교 인력구성의 확대라는 변화를 경험하고 있습니다. 이러한 교직 디자인은 학교제도와 교육인사행정, 교원정책에 어떤 시사점을 줄까요?

교직 디자인의 변화

	전통적인 1교사-1학급 모델	미래 교직 디자인 기반 팀티칭 모델
1학급 교육자 수	1	2-6+
교육자의 요구되는 전문성	모든 일에 능숙	적은 범위의 것을 더욱 깊이 있게 전문성을 갖춤
학생과 교사의 비율	25:1	하루 중 변동 가능
교육자 간의 협업	수업 외 시간: 독립	수업 외 및 수업 중: 상호 의존적
기타 교육자	시간강사, 외부 강사	통합학급 특수교사, 전문 보조교사, 지역사회 교육자
역할/일정	교사 또는 기간제교사 180일, 하루 종일	다양한 역할 유연한 일정
교실 상황	격리됨	실시간 협업

교수 학습환경의 변화

	전통적인 1교사-1학급 모델	미래 교직 디자인 기반 팀티칭 모델
지침	교사 중심: 칸막이가 쳐진, 나/우리/너의 차별화	학습자 중심: 학제 간, 프로젝트 기반의 다양한 교육 기능
학습 진도 판단	학생이 앉아 있는 시간	성취 기준 달성 여부
학생 성과	좁은 범위의 학술에 대한 부분으로 판단	넓은 범위의 학문 전체를 기반으로 총괄적인 판단
학습 공간	교사 "나만의 교실": 유연하지 못하고, 중복되고, 활용도가 낮음	학생과 교사 및 모든 교사 "우리"의 학습 공간: 유연하고 효율적이며 선택의 폭이 넓음
시간표	고정적이며, 짧은 단위로 구성됨 학교 종소리로 기준	교사 주도의 유연하며 긴 학습단위로 구성됨

교육자가 학교에 참여하고 전문성을 향상시키기 위한 변화

	전통적인 1교사-1학급 모델	미래 교직 디자인 기반 팀티칭 모델
유연성	학생 및 교사 모두 주 4일 근무	교사는 주 4일 근무, 학습자는 주 5일 근무
근무 희망	선호하지는 않음	신규 교사들이 오고 싶어하는 곳
학습 참여	수업 참여 문제가 있음	학습자가 오고 싶어하는 학교
레지던트 및 인턴 채용	지속하기 어려움	적절한 규모의 책임과 함께 지속 가능성을 위해 팀에 구축된 수련과정
커뮤니티 학교	물리적인 협력만 이루어짐	모든 교육자의 전략적 통합
기술	교육자의 편의 수준에 따라 다름	"팀원"으로서의 전략적 통합
교사 연수	모든 강의, 학생 교육, 생존 가이드 수강	통합된 업무/임상 경험, 유연한 경로, 접근성
참여 유도	생존을 위한 참여 요구	적절한 규모의 책임과 자원을 제공하는 팀에 대한 통합
교사의 협력	낮은 수준의 상호 작용	팀 내에서 더 높은 수준의 상호 작용

교육자로의 임용

	전통적인 1교사-1학급 모델	미래 교직 디자인 기반 팀티칭 모델
유연성	하나의 경로	다양한 경로
요구되는 현장 경험	학생 교육 경험	경력 및 업무의 다양성
갖춰야 하는 자격/전문성	없거나 요구되더라도 특수 교육 또는 외국어교육 정도	교육 분야를 포함하여 다른 직업적 영역에서의 전문성
받을 수 있는 지원	관리자/멘토로부터의 지원	지속적이고 전문화된 코칭 지원
수업의 형태	대면 수업만 요구됨	대면 수업과 다양한 형태의 수업방식이 요구됨
수업의 대상	개별 강의실	전문 지식이 분산된 팀에서 작업하기
교육자가 될 수 있는 기회	모든 사람이 교육자가 될 수 있는 것은 아님	새로운 역할/새로운 전문성/새로운 종류의 전문 학습/커뮤니티 교육자

국제적 동향과 선행연구를 검토해볼 때, 다음과 같이 미래교육, 미래학교에 대한 지향을 종합적으로 정리해 볼 수 있습니다(박정우, 박수정, 2023).

- 모든 학습자를 위한 교육(포용성, 웰빙)
- 학습자 중심의 교육과 학교체제(개별성, 다원성)
- 학습자 주체성이 발휘되는 교육(자율성, 책임감)
- 지역과 함께, 평생 이루어지는 학습(연계성, 학습성)
- 기술 활용과 관계 형성이 모두 중요한 교육(창의성, 사회성)
- 공동체와 인류의 상생을 위한 교육(협력성, 공동체성)

교육의 미래를 예측, 구상하고, 이를 위한 구체적인 전략을 찾아 봅시다.
그것이 교육행정의 역할입니다!

고등학생들이 기대하는 교육의 모습

- 교사와 학생의 진심이 담긴 소통
- 편견없는 학교, 구분없는 교육
- 경쟁보다 지식발전을 위한 교육
- 서로 존중하는 교육
- 학생참여형 수업방식의 확대
- 집보다 더 편안한 분위기를 가진 학급
- 학생의 적극성을 유도하는 교육
- 차별없는 교육

- 학생의 성장을 도와주는 교육
- 개별화된 교육
- 적극적으로 참여하는 공부환경
- 창의적이고 틀에 얽매이지 않은 교육
- 상부상조하는 학생들
- 함께 공부하는 교육
- 구성원 모두가 함께하는 민주적인 교실
- 중립적인 교육

대전 고등학생 대상 교육정책 토의 결과 (2023.8.10. 충남대학교)

도심 공동화로 학생 수가 급감하던 초등학교에서 생태운동장을 조성했습니다. 학생들이 찾아오면서 6학급이 11학급이 되었습니다(2024년). 이 학교에 어떤 일이 벌어진 것일까요? 리더십, 학교자치, 교원업무경감, 전문적 학습공동체, 학부모 참여, 공동체 신뢰... 학생 중심 교육을 위한 학교를 만들어가는 변화 노력과 미래를 응원합니다.

- 경남 밀양 밀주초등학교 박순걸 교감의 책(『학교외부자들』)을 참고하세요.

🏃 참고자료

┌───┐
│   │
│   중등교원임용시험(교육학) 기출문제   │
│   │
└───┘

▶ 제3장 교육조직론 관련

(2015년 12월)

○ '교사가 갖추어야 할 역량'이라는 주제로, 조직 활동을 구성 요소로

┌───┐
│ • 학교 내 공식 조직 안에서 소집단 형태로 운영되는 다양한 조직 활동을 파악할 것 │
│ • 학교 구성원들의 욕구 충족을 위한 자발적 모임에 적극 참여할 것   │
│ • 활기찬 학교생활을 위해 학습조직 외에도 나와 관심이 같은 동료 교사들과의 모임 │
│   활동에 참여할 것   │
└───┘

☞ 논술의 내용: '학교 내 조직 활동'에 나타난 조직 형태가 학교 조직과 구성원에
　　　　　　　　 미치는 순기능 및 역기능 각각 2가지 [4점]

┌───┐
│   │
│   │
│   │
│   │
└───┘

(2014년 12월)

○ 학습조직의 구축 원리

┌───┐
│   내년에 우리 학교는 교육 개념에 충실한 지식 교육을 하고, 학생들의 학업 성취와 학습 │
│ 동기를 향상하는 데 좀 더 세심한 관심을 가져야 할 것입니다. 이 일의 성공 여부는 교사 │
│ 가 변화의 주체로서 자발적인 노력을 얼마나 기울이느냐에 달려 있습니다. 그래서 우리 │
│ 학교는 교사 모두가 교육 활동에 능동적으로 참여하여, 지식과 학습 정보를 서로 공유하 │
│ 면서 지속적으로 변화해 가는 학습조직(learning organization)을 구축하고자 합니다. │
└───┘

☞ 논술의 내용: 학습조직의 구축 원리 3가지 설명 [4점]

┌───┐
│   │
│   │
│   │
│   │
└───┘

(2015년 6월)

○ '다양한 요구에 직면한 학교 교육에서의 교사의 과제'를 주제로, 학교 조직의 특징

> 학교에 대한 사회의 요구에 효율적으로 대응하기 위해서 학교장을 포함한 모든 학교 구성원들은 서로의 행동 특성을 이해해야 합니다. 이를 위해서 학교 조직의 특징을 먼저 파악해야 합니다. 학교라는 조직을 합리성의 측면에서만 파악하면 분업과 전문성, 권위의 위계, 규정과 규칙, 몰인정성, 경력 지향성의 특징을 가진 일반적 관료제의 틀로 설명할 수 있습니다. 그러나 교사들의 전문성이 강조되는 교수학습의 측면에서 보면 학교 조직은 질서 정연하게 구조화되거나 기능적으로 분명하게 연결되어 있지 않은 이완결합체제(loosely coupled system)의 특징을 지닙니다. 따라서 우리는 관료제적 관점과 이완결합체제의 관점으로 학교 조직의 특징을 이해할 필요가 있습니다.

☞ 논술의 내용: 학교 조직의 관료제적 특징과 이완결합체제적 특징 각각 2가지만 제시 [4점]

(2019년 11월)

○ '토의식 수업의 활성화 방안'이라는 주제로, 학교 문화의 변화 방향에 관하여

> - 학교문화 개선은 토의식 수업 활성화를 위한 토대가 됨
> - 우리 학교의 경우, 교사가 학생의 명문대학 합격이라는 목표 달성에 필요한 수단으로 간주되는 학교문화가 형성되어 있어 우려스러움
> - 이런 학교문화에서는 활발한 토의식 수업을 기대하기 어려움

☞ 논술의 내용: 스타인호프와 오웬스(C. Steinhoff & R. Owens)가 분류한 학교문화 유형을 따를 때 D 교사가 우려하는 학교문화의 명칭과 학교 차원에서 그러한 학교문화를 개선하는 방안 2가지 [3점]

(2023년 11월)

○ '학생, 학부모, 교사의 의견을 반영한 학교 교육 개선'을 주제로, 학교 조직을 구성 요소로

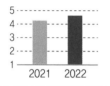

교사 만족도 조사 결과	분석 내용
Q. 학교 운영에 대해 전반적으로 만족한다. (* 5점 리커트 척도)	학교 운영 전반에 대한 교사의 만족도가 전년도에 비해 상승했다. 학교의 외부 환경 변화와 내부 구성원의 변동이 있었음에도 불구하고 함께 이루어낸 성과였다. 이는 교사의 서술식 응답에서 볼 수 있듯이 기본에 충실한 학교 문화가 형성되었고, 학교 구성원 간 공동의 약속이 준수된 결과라 할 수 있다. 즉, 베버(M. Weber)가 제시한 관료제 이론의 특징 중 하나인 '규칙과 규정'이 학교 조직에 잘 적용된 것으로 판단된다. 앞으로도 이러한 결과가 유지될 수 있도록 '규칙과 규정'의 순기능을 강화하고 역기능을 줄여야 할 것이다.

• 기본에 충실해야 한다는 생각이 학교 문화로 자리 잡았습니다.
• 학교 구성원 간의 약속이 더 잘 지켜지도록 노력해야 합니다.

☞ 논술의 내용: 평가보고서에서 언급한 관료제 이론의 특징 중 '규칙과 규정'이 학교 조직에 미치는 순기능 2가지, 역기능 1가지 [4점]

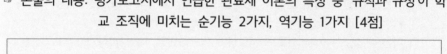

▶ **제4장 교육리더십 관련**

○ 소극적인 학생들의 학습 동기를 유발하기 위한 방안(교사 지도성 행동)

> 박 교사: 그렇군요. 제가 보기에는 학생들의 수업 참여 정도가 교사의 지도성에 따라서도 다른 것 같아요.
>
> 최 교사: 그렇죠. 교사의 지도성 행동에 따라 달라질 수 있죠. 그래서 교사는 지도자로서 학급과 학생의 상황을 고려하여 학생들의 학습동기를 불러일으킬 수 있는 지도성을 발휘해야겠지요.

☞ 논술의 내용: 교사지도성 행동 측면에서의 동기 유발 방안 논의 [3점]

○ '수업개선을 위한 교사의 반성적 실천'을 주제로, 교사의 지도성을 구성 요소로

> 더 나은 수업을 위해서 새로운 지도성이 필요하겠어. 내 윤리적·도덕적 기준을 높이고 새로운 방식으로 학생들을 대하자. 학생들의 혁신적·창의적 사고에 자극제가 될 수 있을 거야. 학생들을 적극 참여시켜 동기와 자신감을 높이고 학생 개개인의 욕구에 특별한 관심을 가지며 잠재력을 계발시켜야지. 독서가 이 지도성의 개인적 신장 방안이 될 수 있겠지만, 동료교사와 함께 하는 방법도 찾아보면 좋겠어.

☞ 논술의 내용: 언급된 바스(B. Bass)의 지도성의 명칭, 김 교사가 학교 내에서 동료교사와 함께 이 지도성을 신장할 수 있는 방안 2가지 [3점]

▶ 제5장 학교경영과 참여 관련

(2017년 12월)

○ '2015 개정 교육과정의 실질적 구현 방안'을 주제로, 교육기획에 대하여

> A교장은 단위 학교에서 새 교육과정이 체계적으로 운영되도록 돕는 교육기획 (educational planning)을 강조하였다.
> "새 교육과정은 교육의 핵심인 교수학습 활동의 중심을 교사에서 학생으로 이동시키는 근본적인 전환을 강조하고 있습니다. 저는 실질적 의미에서 학생 중심 교육이 우리 학교에 정착할 수 있도록 모든 교육활동에 앞서 철저하게 준비할 생각입니다."

☞ 논술의 내용: A교장이 강조하고 있는 교육기획의 개념과 그 효용성 2가지 제시 [4점]

(2020년 11월)

○ '학생의 선택과 결정의 기회를 확대하는 교육'을 주제로, 학교의 의사결정을 구성 요소로

> 교사 협의회에서는 학교 운영에 학생들의 요구를 반영하는 방안에 대해 논의했어. 다양한 의사결정 방식들이 제안되었는데 그중 A안은 문제를 확인한 후에 목적과 세부 목표를 설정하고 가능한 대안을 모두 탐색하고, 각 대안에 따른 결과들을 예측하고 비교해서 최적의 방안을 찾는 방식이었어. B안은 현실적인 소수의 대안을 검토하고 부분적으로 수정해서 현재의 문제 상황을 조금씩 개선해 나가는 방식이었어. 많은 논의를 거친 끝에 B안으로 결정했어. 나는 B안에 따른 구체적인 방안을 다음 협의회 때 제안하기로 했어.

☞ 논술의 내용: A안과 B안에 해당하는 의사결정 모형의 단점 각각 1가지, 김교사가 B안에 따라 학생들의 요구를 반영하기 위해 제안할 수 있는 구체적인 방안 1가지 [3점]

(2023년 11월)

○ '학습자 맞춤형 교육 지원을 위한 교사의 역량'을 주제로, 교육행정을 구성 요소로

교 사: 학습자 맞춤형 교육의 구체적 내용을 학교 교육과정에 반영하려면 학교 내
     에서 어떠한 논의과정을 거쳐야 하나요?
전문가: 여러 과정이 있습니다만, 학교 교육과정 운영 방법에 대해 법에서 규정한 대
     로 학교운영위원회의 심의나 자문을 거쳐야 합니다. 이를 위해서는 먼저 학
     생과 교사의 의견 수렴 과정을 거치는 것이 좋겠습니다.

☞ 논술의 내용: 전문가가 언급한 학교운영위원회의 법적 구성 위원 3주체, 이러한
             3주체 위원 구성의 의의 1가지, 위원으로 학생 참여의 순기능과 역
             기능 각 1가지 [4점]

▶ 제8장 교사 전문성 개발과 장학 관련

(2014년 6월)

○ 교사가 수업 효과성을 높이기 위하여 선택한 방안(장학 활동)에 대하여

> 학교에서 배우는 기초 지식이나 원리가 직업 활동의 근간이 되기도 한다는 것을 어떻게 아이들이 깨닫게 할 수 있을까? 내가 일일이 다 설명해 주지 않아도 아이들이 스스로 교과의 기본 원리를 찾을 수 있게 하려면 어떤 종류의 과제와 활동이 좋을까? 이런 생각으로 머릿속이 복잡하던 중에, 오후에 있었던 교과협의회에서 수업 전문성 개발을 위한 장학 활동을 몇 가지 소개받았다. 이제 내 수업에 대해 차근차근 점검해 봐야겠다.

☞ 논술의 내용: 교사 전문성 개발을 위한 장학 활동 논의 [3점]

(2017년 11월)

○ '학생의 다양한 특성을 고려하는 교육'을 주제로, 장학에 관하여

> 김 교사: 그런데 저 혼자서 학생의 다양한 특성을 고려해서 교육과정을 개발하고 수업을 설계하고 평가하는 것은 힘들어요. 선생님과 저에게 이 문제가 공동 관심사이니, 여러 선생님과 경험을 공유하고 협력해서 피드백을 주고받는 것이 좋겠어요.

☞ 논술의 내용: 김 교사가 언급하는 교내장학 유형의 명칭과 개념, 그 활성화 방안 2가지 [3점]

(2018년 11월)

○ '수업개선을 위한 교사의 반성적 실천'을 주제로, 교사의 지도성을 구성 요소로

> 더 나은 수업을 위해서 새로운 지도성이 필요하겠어. 내 윤리적·도덕적 기준을 높이고 새로운 방식으로 학생들을 대하자. 학생들의 혁신적·창의적 사고에 자극제가 될 수 있을 거야. 학생들을 적극 참여시켜 동기와 자신감을 높이고 학생 개개인의 욕구에 특별한 관심을 가지며 잠재력을 계발시켜야지. 독서가 이 지도성의 개인적 신장 방안이 될 수 있겠지만, 동료교사와 함께 하는 방법도 찾아보면 좋겠어.

☞ 논술의 내용: 언급된 바스(B. Bass)의 지도성의 명칭, 김 교사가 학교 내에서 동료교사와 함께 이 지도성을 신장할 수 있는 방안 2가지 [3점]

(2021년 11월)

○ '학교내 교사 간 활발한 정보 공유를 통한 교육의 내실화'라는 주제로,
 - 교원연수의 종류와 방안

> 송 교사: 네, 온라인 수업을 하게 되면 활용할게요. 선생님 덕분에 좋은 정보를 많이 얻을 수 있어 좋네요. 선생님들 간 활발한 정보 공유의 기회가 더 많아지길 바랍니다.
> 김 교사: 네. 앞으로는 정보 공유뿐만 아니라 교사들 간 실질적인 협력도 있었으면 해요. 이를 위해 학교 중심 연수가 활성화되면 좋겠어요.

☞ 논술의 내용: 김 교사가 언급한 학교 중심 연수의 종류 1가지, 학교 중심 연수를 활성화하기 위해 학교 차원에서 지원할 수 있는 구체적인 방안 2가지 [3점]

참고문헌

고전(2022). 한국 교육법학. 박영사.

권희청, 박수정(2020). 시·도교육청 장학의 최근 동향 분석 : 주요업무계획을 중심으로. 교육행정학연구, 38(5), 167-192.

김경회, 박수정(2012). 학교자율화에 대한 교육감과 학교장의 인식 분석. 지방행정연구, 26(1). 249-270.

김용(2017). 법화사회의 진전과 학교 생활세계의 변용. 교육행정학연구, 35(1), 87-112.

김종철(1982). 교육행정학신강. 세영사.

김혜진, 김지혜, 김혜자, 이쌍철, 이주연, 장혜승, 박상미(2023). 학교 업무를 둘러싼 구성원 갈등 분석과 지원 방안. 한국교육개발원.

김희삼(2017). 사회자본에 대한 교육의 역할과 정책 방향. 한국개발연구원. 광주과학기술원.

나민주, 이차영, 박상완, 김민희, 박수정(2009). 교장공모제의 공모교장 직무수행에 대한 효과 분석. 교육행정학연구, 27(3), 297-320.

박수정(2015). 컨설팅 장학의 원리 탐색: 컨설턴트의 인식을 중심으로. 교육행정학연구, 33(3). 457-481.

박수정(2016). 한국 교육행정사 탐구. 충남대학교 출판문화원.

박수정(2024a). 교직의 이해. 박수정 외. 교사론과 교직실무. 박영스토리.

박수정(2024b). 교직 생애와 성장. 박수정 외. 교사론과 교직실무. 박영스토리.

박수정, 김승정(2019). 수습교사제의 도입 방향과 운영 모델 검토. 교육행정학연구, 37(1). 145-170.

박수정, 김용, 엄문영, 이인회, 이희숙, 차성현, 한은정(2021) 오늘의 교육 내일의 교육정책. 학지사.

박수정, 박정우(2019). 교육실습체제 개선에 대한 이해관계자의 인식 분석. 한국교육, 46(1). 111-135.

박수정, 우현정(2018). 『학교관리법(學校管理法)』(1908) 해제(解題). 교육행정학연구, 36(1), 51-82.

박수정, 이상무(2012). 전통사회 교원평가의 원칙과 실제 : 조선후기 예조(禮曹) 소속 교원을 중심으로. 교육행정학연구, 30(2). 51−76.

박수정, 이상호(2021). 지방교육자치 연구동향 분석(2011~2021). 교육행정학연구, 39(5), 175−199.

박수정, 정미라(2022). 외국어고의 일반고 전환방안 탐색. 교육비평, 50, 275−311.

박수정, 조하영, 유진설(2022). 교사 리더십 연구동향 분석(2016−2021). 한국교원교육연구, 39(4), 399−426.

박정우, 박수정(2023). 미래학교의 지향에 대한 학교 구성원의 인식 분석. 미래교육연구, 13(4), 27−49.

백현기(1958). 교육행정학. 을유문화사.

송경오(2023). 우리나라 17개 시·도교육청 교원정책의 정책수단 유형 분석. 교육행정학연구, 41(5), 161−192.

신나라, 박수정(2017). 학급경영에 대한 연구동향 분석(2000~2016). 교육행정학연구, 35(5). 85−110.

신정철, 신철균, 한은정(2022). 교육행정의 이해. 교육과학사.

엄문영(2021). 교육에는 얼마나 많은 돈이 필요할까. 박수정 외. 오늘의 교육 내일의 교육정책. 학지사.

오성진, 박수정(2023). 군 리더십에 대한 국내 연구경향 분석(2012~2021). 한국군사학논집, 79(1), 303−339.

유네스코한국위원회(2021). 우리의 미래 : 교육을 위한 새로운 사회계약. 국제미래교육위원회 보고서.

윤명선(2022). 한국의 장학정책 변화 분석−역사적 제도주의 관점을 중심으로. 충남대학교 박사학위논문.

윤정일, 송기창, 김병주, 남수경(2022). 한국교육행정학원론. 학지사.

이동엽 외(2018). 한국 교사의 자기 효능감은 왜 낮은가? (TALIS 2주기 결과를 중심으로). 이슈페이퍼 2018−03. 한국교육개발원.

이석열(2018). 교사의 전문학습공동체 진단 척도 개발 및 적용. 교육행정학연구, 36(2), 201−228.

이종재, 이차영, 김용, 송경오(2015). 교육정책론. 교육과학사.

주현준(2023). 교육리더십 : 이론과 연구. 학지사.

주현준, 김민희, 박상완(2014). 교육지도성. 양서원.

진동섭(2022). 교육디자인 이론. 교육과학사.

최진경(2024). 교원 인사. 박수정 외. 교사론과 교직실무. 박영스토리.

Adams, J. S. (1965). Inequity in social exchange. In L. Berkowitz (Ed.) *Advances in experimental social psychology*. Academic Press.

Alderfer, C. (1972). *Existence, relatedness and growth: Human needs in organizational settings*. Free Press.

Argyris, C. (1957). P*ersonality and organization; the conflict between system and the individual*. Harpers.

Basile, C. G., Maddin, B. W., & Audrain, R. L. (2022). T*he next education work force: How team−based staffing models can support equity and improve learning outcomes*. Rowman & Littlefield. 정바울 외 역(2024). 미래 교직 디자인. 살림터.

Bass, B. M. (1985). *Leadership and performance beyond expectations*. Free press.

Bass, B. M. (1990). From transactional to transformational leadership: Learning to share the vision. *Organizational Dynamics*, 18(3), 19−31.

Blanchard, K. H., & Hersey, P. (1996). Great ideas revisited. *Training & Development*, 50(1), 42−48.

Blau, P.M., & Scott, W.R. (1962). *Formal organizations: a comparative approach*. Chandler.

Bobbit, J. F. (1912). The Elimination of waste in education, *The Elementary School Teacher*, 12(6), 259−271.

Bridges, E. M. (1967). A model for shared decision making in the school principalship. *Educational Administration Quarterly*, 3(1), 49−61.

Burns, J. M. (1978). *Leadership*. Harper & Row.

Carlson, R. O. (1964). Environmental constraints and organizational consequences: The public school and its clients. *Teachers College Record,* 65(10), 262−276.

Cogan, C. (1973). *Clinical supervision*. Houghton Mifflin

Cohen, M. D., March, J. G., & Olsen, J. P. (1972). A garbage can model of organizational choice. *Administrative Science Quarterly,* 1−25.

Dror, Y. (1970). Prolegomena to policy sciences. *Policy Sciences*, 1(1), 135−150.

Eisner, E. W. (2005). *Reimagining schools: The selected works of Elliot W. Eisner.* Routledge.

Elmore, R. F. (1979). Backward mapping: Implementation research and policy decisions. *Political Science Quarterly*, 94(4), 601−616.

Etzioni, A. (1961). *A comparative analysis of complex organizations: On power, involvement, and their correlates.* Free Press of Glencoe.

Etzioni, A. (1967). Mixed−Scanning: A 'Third' approach to decision−making *Public Administration Review*, 27(5), 385−392.

Fayol, H. (1916) *General and Industrial Management.* Institute of Electrical and Electronics Engineering.

Fiedler, F. E. (1967). *A Theory of leadership effectiveness.* McGraw−Hill.

Fullan, M. (2015). Leadership from the Middle. *Education Canada*, 55(4), 22−26.

Getzels, J. W., & Guba, E. G. (1957). Social behavior and the administrative process. *The School Review*, 65(4), 423−441.

Getzels, J. W., & Thelen, H. A. (1960). The classroom group as a unique social system. *Teachers College Record*, 61(10), 53−82.

Glatthorn, A. A. (1984). *Differentiated supervision.* Association for Supervision and Curriculum Development.

Glickman, C. D., Gordon, S. P., & Ross−Gordon, J. M. (2001). *Supervision and instructional leadership: A developmental approach.* Allyn & Bacon/Longman Publishing, a Pearson Education Company.

Gulick, L. and Urwick, L. (1937) *Papers on the Science of Administration.* Institute of Public Administration.

Halpin, A. W. (1966). *Theory and research in administration.* Macmillan.

Hargreaves, A., & Fink, D. (2012). *Sustainable leadership.* John Wiley & Sons.

Herzberg, F. I. (1966). *Work and the nature of man.*

Katz, D., & Kahn, R. L. (1966). *The social psychology of organizations.* Wiley.

Katzenmeyer, M., & Moller, G. (2009). *Awakening the sleeping giant: Helping teachers develop as leaders.* Corwin Press.

Kendell, R., & Byrne, D. R. (1978). Thinking about the Greenfield−Griffiths debate. *Educational Administration,* 6(2), 107−119.

Kingdon, J. W. (1984). Agendas, alternatives and public policies. Little, Brown and Company.

Leithwood, K. & Menzies, T.(1998). Forms and Effects of school−based management: A review. *Educational Policy,* 12(3). 325−346.

Lindblom, C. E. (1959). The Science of "Muddling Through". *Public Administration Review,* 19(2), 79−88.

Lindblom, C. E. (1968). T*he policy−making.* Prentice−Hall.

Lipsky, M. (1980). *Street−level bureaucracy: Dilemmas of the individual in public service.* Russell Sage Foundation.

Locke, E. A. (1968). Toward a theory of task motivation and incentives. *Organizational behavior and human performance,* 3(2), 157−189.

Lortie, D. C. (1975). *Schoolteacher: A Sociological Study.* The University of Chicago Press.

March, J. G., & Simon, H. A. (1958). *Organizations.* Wiley.

Maslow, A. H. (1943). A theory of human motivation. *Psychological review,* 50 (4), 370.

Mayo, E. (1949). Hawthorne and the western electric company. *The social problems of an industrial civilisation,* 1−7.

McGregor, D. (1960). Theory X and theory Y. *Organization theory,* 358(374), 5.

Mintzberg, H. (1980). Structure in 5's: A Synthesis of the Research on Organization Design. *Management science,* 26(3), 322−341.

OECD Future of Education and Skills 2030 (https://www.oecd.org/en/about/ projects/future−of−education−and−skills−2030.html)

OECD (2020). Back to the Future of Education: Four OECD Scenarios for Schooling. Educational Research and Innovation. OECD Publishing. https://doi.org/ 10.1787/178ef527−en

Owens, R. G., & Steinhoff, C. R. (1989). Towards a theory of organisational culture. *Journal of Educational Administration,* 27(3).

Reddin, W. J. (1967) The 3−D Managements style theory. *Training and Development Journal,* 21, 8−17.

Sabatier, P. A. (1988). An advocacy coalition framework of policy change and t he role of policy−oriented learning therein. *Policy sciences,* 21(2), 129−168.

Senge, P. M. (1990). *The Fifth discipline: The Art and practice of the learning organization.* Doubleday/Currency.

Senge, P. M., Cambron−McCabe, N., Lucas, T., Smith, B., & Dutton, J. (2012). *Schools that learn* (updated and revised): A fifth discipline fieldbook for educators, parents, and everyone who cares about education. Crown Currency.

Sergiovanni, T. J. (1999). *Building community in schools.* John Wiley & Sons.

Sergiovanni, T. J., & Starratt, R. J. (2007). Supervision: A Redefinition (8th Ed.). McGraw Hill.

Simon, H. A. (1957). *Administrative behavior: A Study of decision−making processes in administrative organizations.* (2nd). Free Press.

Taylor, F. W. (1911). *The principles of scientific management.* Harper and Brothers.

Tiebout, C. M. (1956). A pure theory of local expenditures. *Journal of political economy,* 64(5), 416−424.

Tony Bush. (2020). *Theories of Educational Leadership and Management.* 5th Edition, Pbk.

Vroom, V. H. (1964). *Work and motivation.* Wiley.

Weber, M. (1947). *The theory of economic and social organization.* Trans. AM Henderson and Talcott Parsons. Oxford University Press.

Weick, K. E. (1976). Educational organizations as loosely coupled systems. *Administrative Science Quarterly,* 1−19.

Weick, K. E. (1995). *Sensemaking in organizations.* Thousand Oaks, Sage publications.

찾아보기

기타

저자 소개

박 수 정 (edupark37@gmail.com)

[현직 및 주요 경력]

충남대학교 교육학과 교수
충남대학교 교육연구소장, 대학개발센터장, 교직부장
한국교육학회, 한국교육행정학회, 한국교원교육학회, 한국지방교육경영학회 이사
경제인문사회연구회 연구기관 평가위원, 연구윤리 평가위원
교육부 학교정책자문위원, 시·도교육청 평가위원, 교원양성기관 역량진단 실사위원 등

[학력]

서울대학교 역사교육과 졸업
서울대학교 대학원 교육학과 졸업(교육학박사)

[선정 및 수상]

일본국제교류기금 단기연구펠로우쉽 선정(2009~2010)
한국연구재단 신진연구자지원사업 선정(2009~2011, 2011~2012, 2013~2016)
한국연구재단 우수논문지원사업 선정(2011: 『지방교육자치 연구동향 분석』)
대한민국학술원 우수학술도서 선정(2017: 『한국 교육행정사 탐구』)
한국연구재단 우수학자지원사업 선정(2021~2026)

[주요 저서 및 연구]

『한국 지방교육자치 탐구』(2014), 『대학 수업의 탐구와 성찰』(2015), 『한국 교육행정사 탐구』(2016), 『온라인 수업에서 팀 학습 어떻게 할까』(2021), 『대학 수업은 처음입니다』(2023), 『교육행정입문』(2024) 등 단독저서 6권

『전환기의 한국교육정책』(2008), 『중등교직실무』(2009), 『교육행정연구법』(2011), 『한국교육행정학 연구 핸드북』(2013), 『지방, 학교가 희망이다』(2013), 『학교 컨설턴트 가이드북』(2015), 『지방, 학교가 변하고 있다』(2016), 『학교 컨설팅의 이론과 실제』(2017), 『한국 지방교육자치론』(2018), 『교직실무』(2021), 『오늘의 교육 내일의 교육정책』(2021), 『교사론과 교직실무』(2024), 『교육연구논문작성법』(2024) 등 공저 13권

박수정(2016). 한국 교육행정사 연구의 성과와 과제. 교육학연구. 54(1). 287-311. 등 국내외 학술논문 150여 편

교육행정입문: 교육을 위한 행정

초판발행   2024년 8월 28일

지은이   박수정
펴낸이   노   현

편 집   배근하
기획/마케팅   허승훈
표지디자인   권아린
제 작   고철민 · 김원표

펴낸곳   ㈜ 피와이메이트
              서울특별시 금천구 가산디지털2로 53 한라시그마밸리 210호(가산동)
              등록 2014. 2. 12. 제2018-000080호
전 화   02)733-6771
f a x   02)736-4818
e-mail   pys@pybook.co.kr
homepage   www.pybook.co.kr
ISBN   979-11-7279-006-6 93370

copyright©박수정, 2024, Printed in Korea

* 파본은 구입하신 곳에서 교환해 드립니다. 본서의 무단복제행위를 금합니다.

정 가   17,000원

박영스토리는 박영사와 함께하는 브랜드입니다.